온전한
그리스도인
세우기

온전한 그리스도인 세우기

발행일	2018년 11월 30일

지은이	강 초 원		
펴낸이	손 형 국		
펴낸곳	(주)북랩		
편집인	선일영	편집	오경진, 권혁신, 최예은, 최승헌, 김경무
디자인	이현수, 김민하, 한수희, 김윤주, 허지혜	제작	박기성, 황동현, 구성우, 정성배
마케팅	김회란, 박진관, 조하라		
출판등록	2004. 12. 1(제2012-000051호)		
주소	서울시 금천구 가산디지털 1로 168, 우림라이온스밸리 B동 B113, 114호		
홈페이지	www.book.co.kr		
전화번호	(02)2026-5777	팩스	(02)2026-5747

ISBN   979-11-6299-421-4 03230 (종이책)   979-11-6299-422-1 05230 (전자책)

이 도서의 국립중앙도서관 출판예정도서목록(CIP)은 서지정보유통지원시스템 홈페이지(http://seoji.nl.go.kr)와 국가자료공동목록시스템(http://www.nl.go.kr/kolisnet)에서 이용하실 수 있습니다.
(CIP제어번호 : CIP2018038522)

위기의 한국 교회를 구하기 위한 성서적 해답

온전한 그리스도인 세우기

| 강초원 지음 |

구원은 예수 그리스도를 믿음으로 받는다.
그러나 온전한 그리스도인은
오직 말씀, 오직 기도, 오직 성령으로 된다.

북랩 book Lab

글쓴이의 동기

나는 여의도순복음교회에서 12년 사역하고 개척하여 교회 창립 16주년 목회 30년을 앞두고 우리교회와 한국교회를 돌아봅니다.

한국교회는 성장함에 따라 물량화, 세속화 길을 가면서 점차 현대인에게 괴리감을 주는 종교로 전락해 가고 있는 시점에서 교회는 어디를 향해 가야 할까?

교회는 무엇을 추구해야 할까?

그의 방향성과 목적성, 이 두 가지 질문을 던지면서 고민하기 시작하였습니다. 그 결론은 세상 것이 아닌 생명(영생)임을 찾게 되었습니다.

"사람이 만일 온 천하를 얻고도 제 목숨을 잃으면 무엇이 유익하리요 사람이 무엇을 주고 제 목숨과 바꾸겠느냐 인자가 아버지의 영광으로 그 천사들과 함께 오리니 그 때에 각 사람이 행한 대로 갚으리라"(마 16:26~27)

그렇다면 세상과 구별된 거룩한 자가 되어야 하지 않을까 생각합니다.

"그러므로 너희는 하나님이 택하사 거룩하고 사랑 받는 자처럼 긍휼과 자비와 겸손과 온유와 오래 참음을 옷 입고 누가 누구에게 불만이 있거든 서로 용납하여 피차 용서하되 주께서 너희를 용서하신

것 같이 너희도 그리하고 이 모든 것 위에 사랑을 더하라 이는 온전하게 매는 띠니라"(딛 3:12~14)

이 말씀 속에서 나온 대로 "거룩하고 사랑 받는 자" 곧, '온전한 그리스도인'이 되어야겠구나 생각합니다.

다시 새롭게 성경을 읽으면서 「온전한 그리스도인」(3부. 죄에서 의롭게 되는 원리, 4부. 거룩해지는 성화의 원리, 5부. 삶이 행복해지는 원리)를 발표하고 저희 교회에서 컨퍼런스를 하게 되었고 그 후 사후세계에 대해 '영원한 천국의 삶'을 발표하고 미력하지만 이 책을 쓰게 되었습니다. 글을 쓰게 하신 하나님께 모든 영광을 돌리며 하늘나라에 가신 사랑하는 부모님과 형제들, 기도해주신 장모님과 처 형제들, 지금까지 함께 하여준 사랑하는 아내와 두 아들과 예비 자부들, 묵묵히 따라와 준 순복음남수원교회 모든 성도님들, 책의 출간을 위해 후원하신 분들께 감사드리고 이 글을 읽으시는 모든 분들은 하나님께서 사랑하셔서 '온전한 그리스도인'이 되어 세상에서는 행복하고 사후에는 영원한 지옥(음부)에 떨어지는 일이 없이 영원한 천국에 가서 상(賞) 받고 영생의 삶을 누리시기를 축복합니다.

— 칠보산 밑의 사저에서

추천사

　'온전한 그리스도인'의 모습이 그리운 시대입니다. 예수님을 닮은 그리스도인, 이웃을 사랑하는 그리스도인, 하나님 제일주의로 살아가는 성숙하고 온전한 그리스도인의 모습이 그리운 시대에 우리는 살고 있습니다. 교회를 다니면서도, 예수님을 믿으면서도 마치 아직 참된 삶의 길을 발견하지 못한 사람들처럼 고민하며 혼란에 빠져있는 분들이 있는 것을 볼 때, 그리스도의 장성한 분량에 이르도록 그리스도인의 삶에 방향을 제시해주는 목소리가 필요하다는 생각을 합니다. 바로 이러한 때에 강초원 목사님의 저서『온전한 그리스도인 세우기』가 출간된 것을 기쁘게 생각합니다.

　강초원 목사님은 여의도순복음교회에서 사역하면서 많은 열매를 맺으셨으며, 교회를 개척한 후에도 매우 성공적으로 양 떼를 이끌고 계신 귀한 목사님입니다. 강 목사님의 이번 저서는 인간이 영적인 존재일 뿐만 아니라 육적인 존재임을 꿰뚫어 보며, 영과 육의 적절한 관리를 통해 온전한 신앙인의 모습을 만들어 나갈 것을 강력하게 권면하고 있습니다. 이 책을 일독하시는 모든 분들이 어그러진 것이나 지나친 것, 부족한 것이 없이 그리스도인의 온전한 모습으로 세워지기를 기대합니다. 강초원 목사님의 저서『온전한 그리스도인 세우기』는 불안과 혼돈의 시대를 살아가는 많은 그리스도인들에게 올바른 신앙관을 제시해줄 것입니다. 이 책의 독자들이 주님 다시 오시는

그날까지 영적으로 깨어 온전한 그리스도인으로 승리의 삶을 살아
가시기를 간절히 바랍니다.

여의도순복음교회
위임목사 이영훈

차례

나의 삶의 이야기

첫 번째. 거듭남(중생)의 체험

나는 26세 때 예수님을 믿고 큰 깨달음을 얻고 과거의 방황이 종식되었다.

인생이 어디서 와서 왜 살며 어디로 가는지 알지 못하고 살아왔는데 분명한 인생의 방향이 설정된 것이다.

나는 시골 가난한 농부의 5남 1녀 중 막둥이로 태어났다.

어렸을 때부터 혼자 있는 시간이 많아서 그런지 미래에 대해 늘 고민하고 한숨을 쉬며 인생을 살아왔다. 군대를 제대하고 광주에서 대학을 마치고 서울에 취업이 되어 왔는데 막상 갈 곳이 없었다. 그때 한강 건너편을 보면서 '야! 우리 아버지는 무엇을 하였는가? 저 많은 집들이 있는데.'라고 생각하였다. 그리고 독서실에서 숙식을 하며 3년 동안 사도 바울처럼 광야의 삶을 살았다.

"또 나보다 먼저 사도 된 자들을 만나려고 예루살렘으로 가지 아니하고 아라비아로 갔다가 다시 다메섹으로 돌아갔노라 그 후 삼년 만에 내가 게바를 방문하려고 예루살렘에 올라가서 그와 함께 십오 일을 머무는 동안"(갈 1:17~18)

배고픔과 서울의 매서운 추위를 느끼면서 순례자의 길을 걸었다.

1986년 한국 기독교 부활절 연합예배를 라디오 방송을 통해 듣고 마음에 감동되어 시내버스를 타고 여의도 광장에 처음 갔는데 가랑비가 내리고 있었다.

공원이 조성되기 전이었으므로 넓은 광장은 나에게 큰 꿈을 안겨주었다. 이날 이후로 손을 높이 들고 청중들을 바라보게 되었다. 그리고 나서 여의도순복음교회에 처음 가게 되었는데, 지금 생각하니 주일 1부 예배였던 것 같다. 조용기 원로목사님이 안 나오셔서 다시 2층 발코니 쪽으로 갔다. 2부 예배가 시작되었고 한참 설교 후 결신 시간이 되었는데 갑자기 눈물이 터져 나오고 콧물도 흘러나와 나는 무척 당황스러웠다. 큰 회심을 경험하며 그때부터 지금까지 주님의 길을 걷고 있는 것이다.

나를 변화시킨 결신기도문

하나님 아버지 저는 죄인입니다.
어디에서 와서 왜 살며
어디로 가는지 알지 못하고
죄 가운데 살았습니다.
저의 죄를 위하여 십자가에 죽으시고
부활하신 예수님을 제 구주로 모셔드립니다.
저는 하나님의 자녀가 되었습니다.
지금부터 영원토록 주님과 함께 살겠습니다.
예수님의 이름으로 기도드립니다. (아멘)

두 번째. 사명적 삶의 시작

지금까지 잊히지 않는 인생 최대의 기적은 예수님과의 만남이었다. 사도 바울처럼 나도 예수를 만나기를 원한다. 그러면 사도 바울은 어떻게 예수를 만나셨는가?

"사울이 길을 가다가 다메섹에 가까이 이르더니 홀연히 하늘로부터 빛이 그를 둘러 비추는지라 땅에 엎드러져 들으매 소리가 있어 이르시되 사울아 사울아 네가 어찌하여 나를 박해하느냐 하시거늘 대답하되 주여 누구시니이까 이르시되 나는 네가 박해하는 예수라 너는 일어나 시내로 들어가라 네가 행할 것을 네게 이를 자가 있느니라 하시니 같이 가던 사람들은 소리만 듣고 아무도 보지 못하여 말을 못하고 서 있더라 사울이 땅에서 일어나 눈은 떴으나 아무 것도 보지 못하고 사람의 손에 끌려 다메섹으로 들어가서 사흘 동안 보지 못하고 먹지도 마시지도 아니하니라"(행 9:3~9)

그 후 사울은 주께서 보낸 아나니야를 통해 안수받고 다시 보게 되었으며 성령의 충만함을 받고 예수 증인의 사명을 받는다.

"주께서 이르시되 가라 이 사람은 내 이름을 이방인과 임금들과 이스라엘 자손들에게 전하기 위하여 택한 나의 그릇이라"(행 9:15)

그는 곧바로 복음 전도의 사명을 감당한다.

"즉시로 각 회당에서 예수가 하나님의 아들이심을 전파하니"(행 9:20)

주여! 나도 사도 바울처럼 복음 전도에 평생을 바치겠으니 나를 만나 주옵소서! 하며 부르짖기로 작정하고 하나님의 말씀을 붙잡고 예수님을 보여 달라고 기도하였다.

"나를 사랑하는 자들이 나의 사랑을 입으며 나를 간절히 찾는 자가 나를 만날 것이니라"(잠 8:17)

"마음이 청결한 자는 복이 있나니 그들이 하나님을 볼 것임이요"(마 5:8)

서울 관악산 중턱에 자리를 잡고 해질 때면 산에 올라가 기도를 드렸다. 추운 겨울날이었는데 석양은 저물어 가고 있었다. 추위와 두려움이 엄습해 왔다. 그러나 생사가 달려 있는 문제이므로 두려움을 물리치면서 기도하는데 갑자기 빛이 환하게 나타나더니 그 후에 표현 가능한 것은 영화 《벤허》 포스터에 나온 예수님 모습이었다. 그 앞에 거꾸러져 많이 울며 지난날의 죄의 회개와 일생을 주님의 복음을 위해 드리기로 작정하고 펄쩍펄쩍 뛰어서 하산 후 사도 바울처럼 복음 전도를 시작하였다.

그 밤은 빛이 소나무 한 그루, 한 그루와 온 땅을 환하게 비추었다. 사도 요한이 유배 시 밧모 섬에서 보았던 예수님의 모습과 같았다. 계 1:13~17 "촛대 사이에 인자 같은 이가 발에 끌리는 옷을 입고 가슴에 금띠를 띠고 그의 머리와 털의 희기가 흰 양털 같고 눈 같으며 7의 눈은 불꽃 같고 그의 발은 풀무불에 단련한 빛난 주석 같고 그의 음성은 많은 물 소리와 같으며 그의 오른손에 일곱 별이 있고 그의 입에서 좌우에 날선 검이 나오고 그 얼굴은 해가 힘 있게 비치는 것 같더라 내가 볼 때에 그의 발 앞에 엎드러져 죽은 자 같이 되매 그가 오른손을 내게 얹고 이르시되 두려워하지 말라 나는 처음이요 마지막이니"

이 사건 이후로 신도림역에서, 1호선 인천행 전철 안에서, 영등포역 광장에서, 청량리역 광장에서, 대전역 광장에서, 수원역 앞에서 외치고 전도에 미쳐 있었다. 아래의 메시지를 들고 담대하게 복음을 전하였다.

i. 하나님이 당신을 사랑하십니다.
"하나님이 세상을 이처럼 사랑하사 독생자를 주셨으니 이는 그를 믿는 자마다 멸망하지 않고 영생을 얻게 하려 하심이라"(요 3:16)

ii. 우리는 모두 죄인입니다.
"모든 사람이 죄를 범하였으매 하나님의 영광에 이르지 못하더니"
(롬 3:23)

iii. 예수 그리스도가 우리의 길, 진리, 생명입니다.
"예수께서 이르시되 내가 곧 길이요 진리요 생명이니 나로 말미암지 않고는 아버지께로 올 자가 없느니라"(요 14:6)

iv. 예수 그리스도를 당신의 주로 믿고 입으로 시인하면 구원을 받습니다.
"네가 만일 네 입으로 예수를 주로 시인하며 또 하나님께서 그를 죽은 자 가운데서 살리신 것을 네 마음에 믿으면 구원을 받으리라 사람이 마음으로 믿어 의에 이르고 입으로 시인하여 구원에 이르느니라"(롬 10:9~10)

v. 지금 바로 구원을 받아야 합니다.

“이르시되 내가 은혜 베풀 때에 너에게 듣고 구원의 날에 너를 도
왔다 하셨으니 보라 지금은 은혜 받을 만한 때요 보라 지금은 구
원의 날이로다”(고후 6:2)
“볼지어다 내가 문 밖에 서서 두드리노니 누구든지 내 음성을 듣고
문을 열면 내가 그에게로 들어가 그와 더불어 먹고 그는 나와 더
불어 먹으리라”(계 3:20)

내가 만난 예수 그리스도
― 영화《벤허》의 포스터 중에서 ―

세 번째. 가난 탈출기

그 후 나는 영적인 삶과 현실 간에 많은 갈등이 있었다.

최후로 자기 민족의 위기에서 3일 금식하고 '죽으면 죽으리이다' 하고 왕에게 나아가 동족을 구한 에스더와 같이 죽기로 각오하고 오산리 최자실 금식기도원에 갔다.

"당신은 가서 수산에 있는 유다인을 다 모으고 나를 위하여 금식하되 밤낮 삼 일을 먹지도 말고 마시지도 마소서 나도 나의 시녀와 더불어 이렇게 금식한 후에 규례를 어기고 왕에게 나아가리니 죽으면 죽으리이다 하니라"(더 4:16)

청·장년 금식성회 1주일을 하기 위해 집에서 3일을 금식하고 갔기 때문에 10일을 금식한 셈이다. 비가 오는 날 금식이 끝나고 사람들은 동치미 국물을 얻어먹기 위해 쭉 줄을 서 있었다. 나도 살려고 줄을 서 있는데 광주에 있는 둘째 형님도 그 금식성회에 참석하였다는 것이다. 나를 반가워하더니 위장 버린다고 벌꿀도 사주고 돈도 주어서 다시 살 용기를 얻었다. 그 후 많은 고생과 함께 신학교를 마치게 되었다.

네 번째. 배우자를 위한 기도는?

"아내를 얻는 자는 복을 얻고 여호와께 은총을 받는 자니라"
(잠 18:22)
"집과 재물은 조상에게서 상속하거니와 슬기로운 아내는 여호와께
로서 말미암느니라"(잠 19:14)

성경 말씀을 붙잡고 신림동 왕성교회 새벽기도회에 21일을 작정하
고 다녔다.

너무 추워 빵모자를 쓰고 화장실에서 옷을 단정히 하고 기도회에
참석하였다.

어느 날이었다. 몹시 추운 날, 인도에 나가 뛰어가려고 하는데 내
주변에 하얀 안개처럼 분위기가 조성되면서 이름 석 자가 나타났다.
그 후 그 이름의 처녀와 결혼하여 2형제를 주셔서 이제 자부를 맞이
할 준비하고 있다.

다섯 번째. 교회 개척기

하나님께서 길을 열어 주셔서 세계 최고의 교회 여의도순복음교회에서 12년 동안 사역하게 되었다. 계속해서 안정되고 좋은 교회에서 시무하기를 원하였지만 대조동 교구에서 21일 다니엘 새벽기도회를 3차에 걸쳐 하는데 하나님께서 개척을 원하신다는 응답을 받았다. 그러나 막상 개척명령을 받고 어떻게 무엇을 해야 할지를 몰랐다. 준비하지 않은 아내는 큰 정신적 충격이 받았던 것 같다. 그 후 3개월 동안 개척학교 교육과 개척지를 놓고 6개월 동안 현장답사를 다녔지만, 응답을 받지 못하였다.

그래서 마지막으로 21일 금식기도를 작정하고 강남기도원에서 3일 금식기도, 우리나라 최북단인 강원도 신철원의 대한수도원에서 7일 금식기도, 두 번의 실패 끝에 마지막으로 부끄러움을 무릅쓰고 오산리 기도원에서 평생 처음 생명 건 21일 금식기도를 드리고 21일 죽만 먹는 보호식을 하여 성공하였지만, 목회지에 대한 응답은 없었다. 그 후 내적 갈등이 많았지만 모든 것을 포기한 어느 아침에 머리를 땅에 대고 있는데 작은 구름 하나가 지나갔다. 그것이 현재 16년째 행복하게 사역하고 있는 목회지이다.

"일곱 번째 이르러서는 그가 말하되 바다에서 사람의 손만 한 작은 구름이 일어나나이다 이르되 올라가 아합에게 말하기를 비에 막히지 아니하도록 마차를 갖추고 내려가소서 하라 하니라"

(왕상 18:44)

여섯 번째. 약한 데서 온전하여짐이라 육체의 가시

하나님께서는 성도가 하나님의 은혜에서 떠나지 않도록 가시를 허용하시기도 하신다. 그 가시는 육체의 허약의 가시, 능욕의 가시, 궁핍의 가시, 박해의 가시, 곤고의 가시 등 가시의 유익은 자아가 깨어지게 하여 교만과 오만을 버리고 하나님만을 의지하는 겸손한 심령을 만든다. 또한, 하나님의 사랑을 깨닫고 절대적으로 하나님만을 의지하게 되며, 하나님의 능력을 체험하게 된다.

"하나님이 바울의 손으로 놀라운 능력을 행하게 하시니 심지어 사람들이 바울의 몸에서 손수건이나 앞치마를 가져다가 병든 사람에게 얹으면 그 병이 떠나고 악귀도 나가더라"(행 19:11~12)

그러나 그에게 치명적인 약점인 육체의 가시가 있었다.
"여러 계시를 받은 것이 지극히 크므로 너무 자만하지 않게 하시려고 내 육체에 가시 곧 사탄의 사자를 주셨으니 이는 나를 쳐서 너무 자만하지 않게 하려 하심이라"(고후 12:7)

이 가시를 떠나기를 세 번 주께 간구하였으나
"이것이 내게서 떠나가게 하기 위하여 내가 세 번 주께 간구하였더니"(고후 12:8)

하나님께서 허락하시지 않았다. 그러면서 주의 응답은 약한 데서 온전하여진다라고 하셨다.
"나에게 이르시기를 내 은혜가 네게 족하도다 이는 내 능력이 약한 데서 온전하여짐이라 하신지라 그러므로 도리어 크게 기뻐함으로 나의 여러 약한 것들에 대하여 자랑하리니 이는 그리스도의 능력이 내게 머물게 하려 함이라"(고후 12:9)

그래서 그는 그의 약함을 자랑하였다.
"그러므로 내가 그리스도를 위하여 약한 것들과 능욕과 궁핍과 박해와 곤고를 기뻐하노니 이는 내가 약한 그 때에 강함이라"(고후 12:10)

나는 지금까지 봄에서 여름으로 넘어가는 5~6월 감기에 한번 걸리면 아주 힘들다. 대학병원에서 검사해보니 알레르기성 비염이라는 것이다. 급발성 기침이 심하고 열이 나고 힘들다. 주일날 새벽부터 세 번 설교하고 나면 목소리가 나오지 않는다. 기운이 없고 어지럽고 고통스럽다. 이 글을 쓰면서 약 5주 동안 목소리가 나오지 않아서 고생하였고 불면증으로 여러 날 한숨도 자지 못하였음을 고백한다. 아내의 기도에 감사하고 지금은 수술하지 않고 치료해주신 하나님께 감사드린다.
"이는 선지자 이사야를 통하여 하신 말씀에 우리의 연약한 것을 친히 담당하시고 병을 짊어지셨도다 함을 이루려 하심이더라"(마 8:17)
"친히 나무에 달려 그 몸으로 우리 죄를 담당하셨으니 이는 우리로 죄에 대하여 죽고 의에 대하여 살게 하려 하심이라 그가 채찍에 맞음으로 너희는 나음을 얻었나니"(벧전 2:24)

일곱 번째. 미래의 꿈 *VISION*

 i. 한국교회와 세계교회가 '거룩하고 사랑받는 자', '온전한 그리스도인'이 되도록 기도와 말씀 교육을 통해 주님 오실 때 영, 혼, 육이 흠 없이 보전되어 천국 가도록 하는 것이 나의 꿈이다.

"그러므로 너희는 하나님이 택하사 거룩하고 사랑 받는 자처럼 긍휼과 자비와 겸손과 온유와 오래 참음을 옷 입고 누가 누구에게 불만이 있거든 서로 용납하여 피차 용서하되 주께서 너희를 용서하신 것 같이 너희도 그리하고 이 모든 것 위에 사랑을 더하라 이는 온전하게 매는 띠니라"(골 3:12~14)

"평강의 하나님이 친히 너희를 온전히 거룩하게 하시고 또 너희의 온 영과 혼과 몸이 우리 주 예수 그리스도께서 강림하실 때에 흠 없게 보전되기를 원하노라"(살전 5:23)

 ii. 북한선교에 힘을 쓴다.

"그러므로 하늘에 계신 너희 아버지의 온전하심과 같이 너희도 온전하라"(마 5:48)

교회 개척 초기의 기적

i. ○○ 성도 뇌졸중 수술 40일 만에 깨어나 걷는 기적

남편의 영혼이 구원받기를 부인 권사님께서는 평생 동안 기도하셨다.

그런데 어느 날 남편이 뇌졸중으로 쓰러져서 용인수지에 병원 중환자실에 입원하게 되었다. 교인들과 심방을 갔는데 전혀 움직이지 못하고 깨어나지 못해 우리는 간절히 치료자 하나님께 부르짖었다.

"기록된바 내가 너를 많은 민족의 조상으로 세웠다 하심과 같으니 그가 믿은바 하나님은 죽은 자를 살리시며 없는 것을 있는 것으로 부르시는 이시니라"(롬 4:17)

그런데 수술 40일 만에 기적적으로 손가락이 움직이고 눈을 뜬 후에 글자를 써서 의사소통이 되었다. 그 후 병원퇴원 후 휠체어를 타고 난생처음 교회에 오셔서 살아계신 하나님께 자신의 죄를 고백하고 구원의 결신 기도를 하게 되었다. 점차 몸이 좋아지셔서 나중에는 걸어서 교회에 나오시게 되었고 하루에 한두 번 교회를 걸어서 오시는 것이 그의 즐거움이 되었다. 할렐루야!

ii. 간질하는 어린이의 치료자 하나님

1남 2녀의 행복한 가정에 남자아이가 막내로 출생하였다.

그런데 아이가 침을 흘리며 눈이 돌아가서 쓰러지면 한참 만에 깨어나곤 하였다. 그래서 교회 유아실에서 아이를 눕혀 놓고 간절히 귀신 축사 기도하였다. 예수님께 귀신들려 간질 하는 아이를 제자들에게 고쳐 달라고 하였으나 고치지 못하고 예수님께 데리고 왔다.

"그들이 무리에게 이르매 한 사람이 예수께 와서 꿇어 엎드려 이르되 주여 내 아들을 불쌍히 여기소서 그가 간질로 심히 고생하여 자주 불에도 넘어지며 물에도 넘어지는지라 내가 주의 제자들에게 데리고 왔으나 능히 고치지 못하더이다 예수께서 대답하여 이르시되 믿음이 없고 패역한 세대여 내가 얼마나 너희와 함께 있으며 얼마나 너희에게 참으리요 그를 이리로 데려오라 하시니라 이에 예수께서 꾸짖으시니 귀신이 나가고 아이가 그 때부터 나으니라"(마17:14~18)

그 후 아이는 깨끗이 나아 지금은 어엿한 직장인이 되었다.
야훼 라파 하나님을 찬양합니다!

iii. 목사의 토요일 오후 10시의 병원 심방의 기적

당시 이 집사님의 딸이 우리 교회 ○○ 집사님의 후진하는 차에 다치게 되었다. 같은 교인 간에 난처하였다.

대학병원 응급실에 갔는데 여자아이의 폐에 피가 차 수술을 하여야 한다는 것이다. 목사의 토요일은 긴장이 고조된 시간이다. 내일의 설교 때문에 신경이 곤두서있다. 그러나, 환자 아버지도 오지 않은 상황에서 보호자가 되어 돌보게 되었다.

내가 할 수 있는 일은 기도밖에 없었다.

"이와 같이 성령도 우리의 연약함을 도우시나니 우리는 마땅히 기도할 바를 알지 못하나 오직 성령이 말할 수 없는 탄식으로 우리를 위하여 친히 간구하시느니라"(롬 8:26)

주변 상황을 보면서 방언으로 기도드렸다. 밤 12시 정도 되었는데 아이가 고개를 옆으로 돌리더니 가슴의 피를 토해냈다. (할렐루야!) 그 후 그는 MRI 결과 이상 없이 깨끗하게 치료받았다. 지금은 예쁜 여대생이 되었다. 이 모든 것은 살아계신 하나님께서 하신 것이다.

iv. 무당 귀신에게 사로잡혔던 집사님의 귀신 축사

귀신에게 사로잡힌 집사님이 이곳저곳 다니면서 상태가 좋지 못해 마지막으로 교회에 딸과 함께 찾아오셨다. 우리는 함께 축사 기도를 하였다.

"믿는 자들에게는 이런 표적이 따르리니 곧 그들이 내 이름으로 귀신을 쫓아내며 새 방언을 말하며 뱀을 집어올리며 무슨 독을 마실지라도 해를 받지 아니하며 병든 사람에게 손을 얹은즉 나으리라 하시더라"(막 16:17~18)

예수 그리스도의 이름으로 ○○귀신아! 물러가라!
"이같이 여러 날을 하는지라 바울이 심히 괴로워하여 돌이켜 그 귀신에게 이르되 예수 그리스도의 이름으로 내가 네게 명하노니 그에게서 나오라 하니 귀신이 즉시 나오니라"(행 16:18)

한 30분 기도하니 귀신이 떠나가고 건강해져 온 가족이 구원받고,
"그들을 데리고 자기 집에 올라가서 음식을 차려 주고 그와 온 집안이 하나님을 믿으므로 크게 기뻐하니라"(행 16:34)

그날 밤 타 종교의 서적, 도구들을 불로 태워 땅에 묻고 승리의 깃발을 꽂게 되었다.
"또 마술을 행하던 많은 사람이 그 책을 모아 가지고 와서 모든 사람 앞에서 불사르니 그 책값을 계산한즉 은 오만이나 되더라"
(행 19:19)

할렐루야! 야훼 닛시 하나님을 찬양합니다.

온전한 그리스도인의 기도

오 주여!
나를 의(義)로운 그리스도인이 되게 하소서
내가 나사렛 예수를 그리스도로 믿사오니
당신이 흘리신 그 피로 씻어 주사
나를 의롭게 하소서

오 주여!
나를 성화(聖化)된 그리스도인이 되게 하소서
간음하지 말게 하시고
성내지 말게 하시고
입술의 할례를 행하시고
성품을 바꿔 주시되 주님의 마음 되게 하소서
긍휼과 자비
온유와 겸손
오래 참음에 사랑의 띠를 매 주소서
나의 얼굴이 그리스도처럼 빛나게 하시고
평강과 감사로 주님께 찬양하게 하소서

오 주여!
나를 행복(幸福)한 그리스도인으로 누리게 하소서
부, 부의 복종과 사랑
부, 자의 순종과 공경
주, 종의 순종과 공의

오 주여!
나를 성신의 그리스도인이 되게 하소서
기도를 계속하며
전도에 매이게 하소서

오 주여!
나를 천국의 성도가 되게 하소서
나를 위해 예비된 상(賞) 받게 하소서

— 후기: 성서 롬 3장, 골 3장, 아씨시의 성 프란치스코, 「나를 평화의 도구로 써 주
소서」 인용

온전한 그리스도인의 뜻

'온전'은 영어 Perfect, Perfection으로 결점이 없이 완전함을 말하며, 히브리어 ㅁㄲㄱ로는 (ta-mim)타-밈, 그리스어로는 Τέλειος텔레이오스이다. 한국어에는 '옹근'이라고, 조금도 축나지 않고 다 있는 것을 일컫는 옛말이 있는데 이 말은 곧 온전함을 뜻한다.

또한, 야구에서는 한 사람의 투수가 상대 팀에게 주자를 한 명도 허용하지 아니하고 이긴 시합을 말하며 볼링에서도 전 프레임을 스트라이크로 경기를 끝내어 300점을 얻은 경기를 말한다. 이제 문답형 성경공부방식으로 글을 썼음으로 모든 인생문제의 답은 성경말씀으로 해결해 준다.

1. 구약성서의 온전

1. 하나님께 제물을 드릴 때 희생짐승(獸)은 무흠한 완전한 것을 드려야 된다.

민 19:2 "여호와께서 명령하시는 법의 율례를 이제 이르노니 이스라엘 자손에게 일러서 온전하여 흠이 없고 아직 멍에 메지 아니한 붉은 암송아지를 네게로 끌어오게 하고"

레 22:22 "너희는 눈 먼 것이나 상한 것이나 지체에 베임을 당한 것이나 종기 있는 것이나 습진 있는 것이나 비루먹은 것을 여호와께 드리지 말며 이런 것들은 제단 위에 화 제물로 여호와께 드리지 말라"

2. 노아의 온전함은 무엇인가?

창 6:9 "이것이 노아의 족보니라 노아는 의인이요 당대에 완전한 자라 그는 하나님과 동행하였으며"

히 11:7 "믿음으로 노아는 아직 보이지 않는 일에 경고하심을 받아 경외함으로 방주를 준비하여 그 집을 구원하였으니 이로 말미암아 세상을 정죄하고 믿음을 따르는 의의 상속자가 되었느니라"

3. 아브람의 온전함은 무엇인가?

창 17:1 "아브람이 구십구 세 때에 여호와께서 아브람에게 나타나서 그에게 이르시되 나는 전능한 하나님이라 너는 내 앞에서 행하여 완전하라"

1) 아브람의 나이 99세에 아브라함으로 이름을 바꾸었다.

창 17:5 "이제 후로는 네 이름을 아브람이라 하지 아니하고 아브라함이라 하리니 이는 내가 너를 여러 민족의 아버지가 되게 함이니라"

2) 아브라함의 아내 사래의 나이 89세에 사라로 이름을 바꾸었다.

창 17:15~16 "하나님이 또 아브라함에게 이르시되 네 아내 사래는 이름을 사래라 하지 말고 사라라 하라 내가 그에게 복을 주어 그가 네게 아들을 낳아 주게 하며 내가 그에게 복을 주어 그를 여러 민족의 어머니가 되게 하리니 민족의 여러 왕이 그에게서 나리라"

3) 아브람과 하나님이 할례 언약을 맺었다.

창 17:10~14 "너희 중 남자는 다 할례를 받으라 이것이 나와 너희와 너희 후손 사이에 지킬 내 언약이니라 너희는 포피를 베어라 이것이 나와 너희 사이의 언약의 표징이니라 너희의 대대로 모든 남자는 집에서 난 자나 또는 너희 자손이 아니라 이방 사람에게서 돈으로 산 자를 막론하고 난 지 팔 일 만에 할례를 받을 것이라 너희 집에서 난 자든지 너희 돈으로 산 자든지 할례를 받아야 하리니 이에 내 언약이 너희 살에 있어 영원한 언약이 되려니와 할례를 받지 아니한 남자 곧 그 포피를 베지 아니한 자는 백성 중에서 끊어지리니 그가 내 언약을 배반하였음이니라"

4) 아브람이 할례 언약을 나이 99세에 행하였다.

창 17:23~27 "이에 아브라함이 하나님이 자기에게 말씀하신 대로 이 날에 그 아들 이스마엘과 집에서 태어난 모든 자와 돈으로 산 모든 자 곧 아브라함의 집 사람 중 모든 남자를 데려다가 그 포피를 베었으니 아브라함이 그의 포피를 벤 때는 구십구 세였고 그의 아들 이스마엘이 그의 포피를 벤 때는 십삼 세였더라 그 날에 아브라함과 그 아들 이스마엘이 할례를 받았고 그 집의 모든 남자 곧 집에서 태어난 자와 돈으로 이방 사람에게서 사온 자가 다 그와 함께 할례를 받았더라"

그 후 약속한 아들 이삭을 나이 100세에 주셨다.

창 17:19 "하나님이 이르시되 아니라 네 아내 사라가 네게 아들을 낳으리니 너는 그 이름을 이삭이라 하라 내가 그와 내 언약을 세우리니 그의 후손에게 영원한 언약이 되리라"

2. 신약성서의 온전

1. 예수님은 하나님 아버지의 온전하심과 같이 제자들에게 온전하라고 하셨다.

마 5:48 "그러므로 하늘에 계신 너희 아버지의 온전하심과 같이 너희도 온전하라"

예수님이 바라는 온전함은 원수까지 사랑하는 단계를 말하고 있다.

마 5:38~44 "또 눈은 눈으로, 이는 이로 갚으라 하였다는 것을 너희가 들었으나 나는 너희에게 이르노니 악한 자를 대적하지 말라 누구든지 네 오른편 뺨을 치거든 왼편도 돌려 대며 또 너를 고발하여 속옷을 가지고자 하는 자에게 겉옷까지도 가지게 하며 또 누구든지 너로 억지로 오 리를 가게 하거든 그 사람과 십 리를 동행하고 네게 구하는 자에게 주며 네게 꾸고자 하는 자에게 거절하지 말라 또 네 이웃을 사랑하고 네 원수를 미워하라 하였다는 것을 너희가 들었으나 나는 너희에게 이르노니 너희 원수를 사랑하며 너희를 박해하는 자를 위하여 기도하라"

2. 온전함은 하나님께서 주시는 선물이다.

약 1:17 "온갖 좋은 은사와 온전한 선물이 다 위로부터 빛들의 아버지께로부터 내려오나니 그는 변함도 없으시고 회전하는 그림자도 없으시니라"

온전함은 하나님께만 속하고 하나님과의 교제 시 하나님의 은사로 사람에게 주어진다.

3. 초대교회 최초로 그리스도인이라는 호칭을 받았다.

행 11:26 "만나매 안디옥에 데리고 와서 둘이 교회에 일 년간 모여 있어 큰 무리를 가르쳤고 제자들이 안디옥에서 비로소 그리스도인이라 일컬음을 받게 되었더라"

4. 모든 그리스도인은 거룩하고 사랑 받는 자가 되어야 한다.

골 3:12~14 "그러므로 너희는 하나님이 택하사 거룩하고 사랑 받는 자처럼 긍휼과 자비와 겸손과 온유와 오래 참음을 옷 입고 누가 누구에게 불만이 있거든 서로 용납하여 피차 용서하되 주께서 너희를 용서하신 것 같이 너희도 그리하고 이 모든 것 위에 사랑을 더하라 이는 온전하게 매는 띠니라"

2018년을 어떻게 하여야 하나? 시대가 어지럽고 대형교회들의 문제들이 사회의 공격을 받으면서 교회는 어디로 가야 하나? 나의 목회의 목적과 방향을 어디로 잡을 것인가? 기도하며 준비하던 중 로마서 3장과 골로새서 3장을 통해 하나님께서 내게 주신 레에마의 말씀이었다. '거룩하고 사랑 받는 자', '거룩 애(愛)'. 거룩하여 세상과 구별된 삶, 하나님의 사랑받는 자였다. 예수님의 성품인 긍휼과 자비, 겸손과 온유, 오래 참음의 옷을 입고 사랑의 띠를 띠라고 말씀하셨다. '이는 온전하게 매는 띠니라' 이 말씀을 통해 '온전한 그리스도인의 원리'가 나오게 되었다.(할렐루~야!)

영국의 존 스토트John R. W. Stott(1921~2011)는 『온전한 그리스도인』에서 두 가지를 말하고 있다.

하나, 인격적 통합성(integrity)을 강조한다.

롬 12:1 "그러므로 형제들아 내가 하나님의 모든 자비하심으로 너희를 권하노니 너희 몸을 하나님이 기뻐하시는 거룩한 산 제물로 드리라 이는 너희가 드릴 영적 예배니라"

온전한 그리스도인은 제단에 바쳐진 사람을 말하며 말과 됨됨이가 이원화되지 않는 사람, 통합된 그리스도인, 연합된 그리스도인을 말한다.

둘, 그리스도인의 의는 마음의 의이다.

예수님은 우리를 좀 더 큰 의로 부르신다. 비종교적 세상의 의, 타종교의 의, 서기관, 바리새인보다 더 큰 의를 원하신다라고 하였다.

마 5:20 "내가 너희에게 이르노니 너희 의가 서기관과 바리새인보다 더 낫지 못하면 결코 천국에 들어가지 못하리라"

"우리는 거듭나야 한다. 우리는 성령의 충만함을 그리고 예수 그리스도가 지배하시는 자들에게만 가능한 지속적인 내적정화를 추구해야 한다. 그리스도인의 의는 마음의 의다."[1]

5. 완전한 그리스도인은 가능한가?

골 1:28~29 "우리가 그를 전파하여 각 사람을 권하고 모든 지혜로 각 사람을 가르침은 각 사람을 그리스도 안에서 완전한 자로 세우려 함이니 이를 위하여 나도 내 속에서 능력으로 역사하시는 이의 역사

---

1 존 스토트, 『온전한 그리스도인』, ivp, 1986, p108

를 따라 힘을 다하여 수고하노라"

　어느 목회자 모임에 가게 되었는데 평소에는 한번도 가보지 않은 장소였지만 그날은 성령의 인도로 온전한 그리스도인이 되기 위해서 화해의 자리에 가게 된 것이다. 그때 관심 있던 골 1:28의 말씀을 듣고 완전한 그리스도인을 보게 됐다. 사랑의 교회 고(故) 옥한흠 목사님이 좋아하시는 성구라는 것이다. 후에 거룩하고 사랑 받는 자와 완전한 그리스도인과 사이에서 불안전한 인간에게 가장 최상의 단어인 '온전한 그리스도인'을 쓰게 된 것이다.

최초의 사람

1. 사람을 만드신 이

창 1:27 "하나님이 자기 형상 곧 하나님의 형상대로 사람을 창조하시되 남자와 여자를 창조하시고"

창 2:7 "여호와 하나님이 땅의 흙으로 사람을 지으시고 생기를 그 코에 불어넣으시니 사람이 생령이 되니라"

1) 아담의 돕는 배필로 여자를 만드셨다.

창 2:18 "여호와 하나님이 이르시되 사람이 혼자 사는 것이 좋지 아니하니 내가 그를 위하여 돕는 배필을 지으리라 하시니라"

창 2:21 "여호와 하나님이 아담을 깊이 잠들게 하시니 잠들매 그가 그 갈빗대 하나를 취하고 살로 대신 채우시고"

2) 아담은 하나님의 중매와 주례로 결혼하였다.

창 2:22 "여호와 하나님이 아담에게서 취하신 그 갈빗대로 여자를 만드시고 그를 아담에게로 이끌어 오시니"

창 2:25 "아담과 그의 아내 두 사람이 벌거벗었으나 부끄러워하지 아니하니라"

ⅰ. 아담의 프로포즈(Propose)는 무엇인가?

창 2:23 "아담이 이르되 이는 내 뼈 중의 뼈요 살 중의 살이라 이것을 남자에게서 취하였은즉 여자라 부르리라 하니라"

ⅱ. 하나님의 주례사는 무엇인가?

창 2:24 "이러므로 남자가 부모를 떠나 그의 아내와 합하여 둘이 한 몸을 이룰지로다"

2. 사람의 사명은 무엇인가?

창 1:28 "하나님이 그들에게 복을 주시며 하나님이 그들에게 이르시되 생육하고 번성하여 땅에 충만하라, 땅을 정복하라, 바다의 물고기와 하늘의 새와 땅에 움직이는 모든 생물을 다스리라 하시니라"

1) 사람의 사명은 생육하고 번성하여 땅에 충만한 자녀의 복이다.

(1) 유대인의 조상 아브람은 하나님의 부르심 받을 때 나이 75세에 무자(無子)였다.

창 12:1~5 "여호와께서 아브람에게 이르시되 너는 너의 고향과 친척과 아버지의 집을 떠나 내가 네게 보여 줄 땅으로 가라 내가 너로 큰 민족을 이루고 네게 복을 주어 네 이름을 창대하게 하리니 너는 복이 될지라 너를 축복하는 자에게는 내가 복을 내리고 너를 저주하는 자에게는 내가 저주하리니 땅의 모든 족속이 너로 말미암아 복을 얻을 것이라 하신지라 이에 아브람이 여호와의 말씀을 따라갔고 롯도 그와 함께 갔으며 아브람이 하란을 떠날 때에 칠십오 세였더라 아브람이 그의 아내 사래와 조카 롯과 하란에서 모은 모든 소유와 얻은 사람들을 이끌고 가나안 땅으로 가려고 떠나서 마침내 가나안 땅에 들어갔더라"

(2) 아브람이 헤브론에 왔을 때 하나님이 말씀하셨다.

ⅰ. 땅의 티끌처럼 네 자손을 주시겠다고 약속하셨다.
창 13:16 "내가 네 자손이 땅의 티끌 같게 하리니 사람이 땅의 티끌을 능히 셀 수 있을진대 네 자손도 세리라"

(3) 아브람이 자식이 없어 자기 상속자를 종 다메섹 사람 엘리에셀로 삼으려 할 때 하나님이 또 말씀하셨다.

i. 하늘에 뭇별과 같은 자식을 주시겠다고 약속하셨다.
창 15:4 "여호와의 말씀이 그에게 임하여 이르시되 그 사람이 네 상속자가 아니라 네 몸에서 날 자가 네 상속자가 되리라 하시고 그를 이끌고 밖으로 나가 이르시되 하늘을 우러러 뭇별을 셀 수 있나 보라 또 그에게 이르시되 네 자손이 이와 같으리라 아브람이 여호와를 믿으니 여호와께서 이를 그의 의로 여기시고"

(4) 그의 아내 사라의 권유로 아브람의 나이 85세에 종 애굽 사람 하갈을 통해 이스마엘을 낳았다.
창 16:15 "하갈이 아브람의 아들을 낳으매 아브람이 하갈이 낳은 그 아들을 이름하여 이스마엘이라 하였더라 하갈이 아브람에게 이스마엘을 낳았을 때에 아브람이 팔십육 세였더라"

(5) 하나님께서 아브람의 나이 99세에 본처에게서 약속의 자식을 주실 것을 말씀하시고 그의 이름을 아브라함으로 바꾸어주시고 할례 언약을 맺으셨다.
창 17:1~7 "아브람이 구십구 세 때에 여호와께서 아브람에게 나타나서 그에게 이르시되 나는 전능한 하나님이라 너는 내 앞에서 행하여 완전하라 내가 내 언약을 나와 너 사이에 두어 너를 크게 번성하게 하리라 하시니 아브람이 엎드렸더니 하나님이 또 그에게 말씀하

여 이르시되 보라 내 언약이 너와 함께 있으니 너는 여러 민족의 아
버지가 될지라 이제 후로는 네 이름을 아브람이라 하지 아니하고 아
브라함이라 하리니 이는 내가 너를 여러 민족의 아버지가 되게 함
이니라 내가 너로 심히 번성하게 하리니 내가 네게서 민족들이 나게
하며 왕들이 네게로부터 나오리라 내가 내 언약을 나와 너 및 네 대
대 후손 사이에 세워서 영원한 언약을 삼고 너와 네 후손의 하나님
이 되리라"

(6) 아브라함이 할례 후에 자기 집에 찾아온 세 천사들에게 버터
와 우유와 송아지를 잡아 요리하여 대접하고 자녀 잉태의 약속을
받았다.

　i. 생리가 끊어진 나이 89세의 여자 사라가 웃었다.

　창 18:10~15 "그가 이르시되 내년 이맘때 내가 반드시 네게로 돌아
오리니 네 아내 사라에게 아들이 있으리라 하시니 사라가 그 뒤 장
막 문에서 들었더라 아브라함과 사라는 나이가 많아 늙었고 사라에
게는 여성의 생리가 끊어졌는지라 사라가 속으로 웃고 이르되 내가
노쇠하였고 내 주인도 늙었으니 내게 무슨 즐거움이 있으리요 여호
와께서 아브라함에게 이르시되 사라가 왜 웃으며 이르기를 내가 늙
었거늘 어떻게 아들을 낳으리요 하느냐 여호와께 능하지 못한 일이
있겠느냐 기한이 이를 때에 내가 네게로 돌아오리니 사라에게 아들
이 있으리라 사라가 두려워서 부인하여 이르되 내가 웃지 아니하였
나이다 이르시되 아니라 네가 웃었느니라"

(7) 아브라함의 나이 100세, 사라의 나이 90세에 아들 이삭(히, 웃

음)을 낳았다.

창 21:1~6 "여호와께서 말씀하신 대로 사라를 돌보셨고 여호와께서 말씀하신 대로 사라에게 행하셨으므로 사라가 임신하고 하나님이 말씀하신 시기가 되어 노년의 아브라함에게 아들을 낳으니 아브라함이 그에게 태어난 아들 곧 사라가 자기에게 낳은 아들을 이름하여 이삭이라 하였고 그 아들 이삭이 난 지 팔 일 만에 그가 하나님이 명령하신 대로 할례를 행하였더라 아브라함이 그의 아들 이삭이 그에게 태어날 때에 백 세라

사라가 이르되 하나님이 나를 웃게 하시니 듣는 자가 다 나와 함께 웃으리로다"

그 후, 아브라함은 175세에 죽고, 아브라함의 아들 이삭은 180세에 죽고, 이삭의 아들 야곱이 아브라함 할아버지로부터 485년 만에 이스라엘에 기근이 들어 130세에 70명의 가족들을 이끌고 그의 아들 요셉이 총리로 있는 애굽의 고센 땅에 이민을 온 것이다. 그리고 시간이 많이 지나 아브라함부터 4대(612년) 만, 애굽 종살이 430년 만에 출애굽 한 인구는 장정이 60만 명이었다.

i. 애굽 종살이 430년 만에 출애굽 한 인구는 장정이 60만 명이었다.
출 12:37 "이스라엘 자손이 라암셋을 떠나서 숙곳에 이르니 유아 외에 보행하는 장정이 육십만 가량이요"
출 12:40 "이스라엘 자손이 애굽에 거주한 지 사백삼십 년이라"

ii. 다산은 복이다.
시 127:3~5 "보라 자식들은 여호와의 기업이요 태의 열매는 그의

상급이로다 젊은 자의 자식은 장사의 수중의 화살 같으니 이것이 그의 화살통에 가득한 자는 복되도다

그들이 성문에서 그들의 원수와 담판할 때에 수치를 당하지 아니하리로다”

오늘날 아브라함 때부터 약 4,184년 만에 전 세계인구 75억 2천만 명 중 아브라함을 조상이라 부르는 세계 3대 종교의 인구는 37억 6천 만 명, 전 세계 인구의 54%이다(1위 기독교 21억 7천만 명 31%, 2위 무슬림 15억 9천만 명 23%). ─자료 naver 검색

2) 사람의 사명은 땅을 정복하는 복이다.

(1) 유대인의 조상으로 하나님께서 아브람을 가나안땅으로 부르셨다.
창 12:1 “여호와께서 아브람에게 이르시되 너는 너의 고향과 친척과 아버지의 집을 떠나 내가 네게 보여 줄 땅으로 가라”

(2) 가나안 땅에 도착한 아브람에게 이 땅을 네 자손에게 주리라고 하셨다.
창 12:7 “여호와께서 아브람에게 나타나 이르시되 내가 이 땅을 네 자손에게 주리라 하신지라 자기에게 나타나신 여호와께 그가 그 곳에서 제단을 쌓고”

(3) 아브람의 조카 롯과 헤어진 후 헤브론에서도 하나님께서 아브람에게 말씀하셨다.

ⅰ. 아브람에게 보이는 땅을 주리라고 꿈을 주셨다.

창 13:14~15 "롯이 아브람을 떠난 후에 여호와께서 아브람에게 이
르시되 너는 눈을 들어 너 있는 곳에서 북쪽과 남쪽 그리고 동쪽과
서쪽을 바라보라 보이는 땅을 내가 너와 네 자손에게 주리니 영원히
이르리라"

ⅱ. 아브람에게 종과 횡으로 두루 다녀 보라 믿음으로 걷게 한 것
이다.

창 13:17~18 "너는 일어나 그 땅을 종과 횡으로 두루 다녀 보라 내
가 그것을 네게 주리라 이에 아브람이 장막을 옮겨 헤브론에 있는 마
므레 상수리 수풀에 이르러 거주하며 거기서 여호와를 위하여 제단
을 쌓았더라"

(4) 아브람이 자식이 없어 자기 상속자를 종인 다메섹 사람 엘리에
셀으로 삼으려 할 때 하나님께서 또 말씀하셨다.

ⅰ. 아브람에게 가나안땅을 또 약속하셨다.

창 15:7 "또 그에게 이르시되 나는 이 땅을 네게 주어 소유를 삼게
하려고 너를 갈대아인의 우르에서 이끌어 낸 여호와니라"

ⅱ. 아브람의 꿈에 이방에서 객이 되어 4대 만에 400년 후에 그 땅
을 주실 것을 말씀하셨다.

창 15:13~14 "여호와께서 아브람에게 이르시되 너는 반드시 알라
네 자손이 이방에서 객이 되어 그들을 섬기겠고 그들은 사백 년 동
안 네 자손을 괴롭히리니 그들이 섬기는 나라를 내가 징벌할지며 그

후에 네 자손이 큰 재물을 이끌고 나오리라 너는 장수하다가 평안히 조상에게로 돌아가 장사될 것이요 네 자손은 사대 만에 이 땅으로 돌아오리니 이는 아모리 족속의 죄악이 아직 가득 차지 아니함이니라 하시더니"

iii. 아브람에게 가나안땅의 경계와 후에 가나안 7족을 물리치고 차지할 땅을 하나님께서 말씀하셨다.

창 15:18~21 "그 날에 여호와께서 아브람과 더불어 언약을 세워 이르시되 내가 이 땅을 애굽 강에서부터 그 큰 강 유브라데까지 네 자손에게 주노니 곧 겐 족속과 그니스 족속과 갓몬 족속과 헷 족속과 브리스 족속과 르바 족속과 아모리 족속과 가나안 족속과 기르가스 족속과 여부스 족속의 땅이니라 하셨더라"

(5) 아브라함이 죽고 나이 100세에 낳은 아들 이삭에게 하나님께서 말씀하셨다.

창 26:1~4 "아브라함 때에 첫 흉년이 들었더니 그 땅에 또 흉년이 들매 이삭이 그랄로 가서 블레셋 왕 아비멜렉에게 이르렀더니 여호와께서 이삭에게 나타나 이르시되 애굽으로 내려가지 말고 내가 네게 지시하는 땅에 거주하라 이 땅에 거류하면 내가 너와 함께 있어 네게 복을 주고 내가 이 모든 땅을 너와 네 자손에게 주리라 내가 네 아버지 아브라함에게 맹세한 것을 이루어 네 자손을 하늘의 별과 같이 번성하게 하며 이 모든 땅을 네 자손에게 주리니 네 자손으로 말미암아 천하 만민이 복을 받으리라"

(6) 아브람의 손자 야곱이 외삼촌 집에 갈 때 벧엘의 꿈에 하나님께

서 말씀하셨다.

창 28:13~15 "또 본즉 여호와께서 그 위에 서서 이르시되 나는 여호와니 너의 조부 아브라함의 하나님이요 이삭의 하나님이라 네가 누워 있는 땅을 내가 너와 네 자손에게 주리니 네 자손이 땅의 티끌 같이 되어 네가 서쪽과 동쪽과 북쪽과 남쪽으로 퍼져나갈지며 땅의 모든 족속이 너와 네 자손으로 말미암아 복을 받으리라 내가 너와 함께 있어 네가 어디로 가든지 너를 지키며 너를 이끌어 이 땅으로 돌아오게 할지라 내가 네게 허락한 것을 다 이루기까지 너를 떠나지 아니하리라 하신지라"

(7) 아브람의 손자 야곱이 애굽의 총리가 된 아들 요셉에게 유언하였다.

창 48:21 "이스라엘이 요셉에게 또 이르되 나는 죽으나 하나님이 너희와 함께 계시사 너희를 인도하여 너희 조상의 땅으로 돌아가게 하시려니와"

(8) 아브람의 손자 야곱의 아들 애굽의 총리 요셉도 유언하였다.

창 50:24~26 "요셉이 그의 형제들에게 이르되 나는 죽을 것이나 하나님이 당신들을 돌보시고 당신들을 이 땅에서 인도하여 내사 아브라함과 이삭과 야곱에게 맹세하신 땅에 이르게 하시리라 하고 요셉이 또 이스라엘 자손에게 맹세시켜 이르기를 하나님이 반드시 당신들을 돌보시리니 당신들은 여기서 내 해골을 메고 올라가겠다 하라 하였더라 요셉이 백십 세에 죽으매 그들이 그의 몸에 향 재료를 넣고 애굽에서 입관하였더라"

(9) 아브라함부터 4대(612년) 만에 애굽 종살이 430년 만에 출애굽

할 때 모세가 요셉의 유골을 가지고 갔다.

출 13:19 "모세가 요셉의 유골을 가졌으니 이는 요셉이 이스라엘 자손으로 단단히 맹세하게 하여 이르기를 하나님이 반드시 너희를 찾아오시리니 너희는 내 유골을 여기서 가지고 나가라 하였음이더라"

⑩ 모세가 광야 40년 동안 요셉의 유골을 가지고 갔으며 아브라함 이후 652년 만에 모세의 후계자 여호수아를 통해 약속의 가나안땅을 정복하고 그 땅을 분배하였다.

수 12:7 "여호수아와 이스라엘 자손이 요단 이편 곧 서쪽 레바논 골짜기의 바알갓에서부터 세일로 올라가는 곳 할락 산까지 쳐서 멸한 그 땅의 왕들은 이러하니라(그 땅을 여호수아가 이스라엘의 지파들에게 구분에 따라 소유로 주었으니 곧 산지와 평지와 아라바와 경사지와 광야와 네겝 곧 헷 족속과 아모리 족속과 가나안 족속과 브리스 족속과 히위 족속과 여부스 족속의 땅이라)"

하나님의 약속은 반드시 이루어진다. 우리 교회가 개척 후 성전 부지를 위해 10년 동안 기도를 하였는데 하나님께서 기적으로 땅을 주셔서 임시 교육관과 식당으로 사용하고 있다. 이제 그 땅에 4층으로 건축하여야 한다. 이것도 하나님께서 정한 때에 이루어 주실 것을 믿는다.

3) 사람의 사명은 모든 생물을 다스리는 복이다.

창 9:2 "땅의 모든 짐승과 공중의 모든 새와 땅에 기는 모든 것과 바다의 모든 물고기가 너희를 두려워하며 너희를 무서워하리니 이것들은 너희의 손에 붙였음이니라"

3. 사람의 식생활은 무엇인가?

1) 씨 맺는 모든 채소와 씨 가진 열매를 먹을거리로 주셨다.

창 1:29~30 "하나님이 이르시되 내가 온 지면의 씨 맺는 모든 채소와 씨 가진 열매 맺는 모든 나무를 너희에게 주노니 너희의 먹을 거리가 되리라 또 땅의 모든 짐승과 하늘의 모든 새와 생명이 있어 땅에 기는 모든 것에게는 내가 모든 푸른 풀을 먹을 거리로 주노라 하시니 그대로 되니라"

2) 노아 홍수 이후로 산 동물을 먹을거리로 추가로 주셨다.

창 9:3 "모든 산 동물은 너희의 먹을 것이 될지라 채소 같이 내가 이것을 다 너희에게 주노라 그러나 고기를 그 생명 되는 피째 먹지 말 것이니라"

4. 사람의 거처는 어디인가?

창 2:8 "여호와 하나님이 동방의 에덴에 동산을 창설하시고 그 지으신 사람을 거기 두시니라"

i. 사람의 거처는 에덴 동산이었으며 하나님께서 선악과 언약을 주셨다.

창 2:15~17 "여호와 하나님이 그 사람을 이끌어 에덴 동산에 두어 그것을 경작하며 지키게 하시고 여호와 하나님이 그 사람에게 명하여 이르시되 동산 각종 나무의 열매는 네가 임의로 먹되 선악을 알게 하는 나무의 열매는 먹지 말라 네가 먹는 날에는 반드시 죽으리라 하시니라"

5. 여자를 유혹한 뱀

창 3:1 "그런데 뱀은 여호와 하나님이 지으신 들짐승 중에 가장 간교하니라 뱀이 여자에게 물어 이르되 하나님이 참으로 너희에게 동산 모든 나무의 열매를 먹지 말라 하시더냐"

창 3:4~5 "뱀이 여자에게 이르되 너희가 결코 죽지 아니하리라 너희가 그것을 먹는 날에는 너희 눈이 밝아져 하나님과 같이 되어 선악을 알 줄 하나님이 아심이니라"

6. 여자의 죄로 부부공범자가 되다

창 3:6 "여자가 그 나무를 본즉 먹음직도 하고 보암직도 하고 지혜롭게 할 만큼 탐스럽기도 한 나무인지라 여자가 그 열매를 따먹고 자기와 함께 있는 남편에게도 주매 그도 먹은지라"

7. 죄를 심판하신 하나님

1) 여자로 범죄하게 한 뱀을 저주하셨다.

창 3:14~15 "여호와 하나님이 뱀에게 이르시되 네가 이렇게 하였으니 네가 모든 가축과 들의 모든 짐승보다 더욱 저주를 받아 배로 다니고 살아 있는 동안 흙을 먹을지니라 내가 너로 여자와 원수가 되게 하고 네 후손도 여자의 후손과 원수가 되게 하리니 여자의 후손은 네 머리를 상하게 할 것이요 너는 그의 발꿈치를 상하게 할 것이니라 하시고"

2) 뱀에 말을 듣고 범죄한 여자를 심판하셨다.

창 3:16 "또 여자에게 이르시되 내가 네게 임신하는 고통을 크게 더하리니 네가 수고하고 자식을 낳을 것이며 너는 남편을 원하고 남편은 너를 다스릴 것이니라 하시고"

창 3:20 "아담이 그의 아내의 이름을 하와라 불렀으니 그는 모든 산 자의 어머니가 됨이더라"

i. 여자에게 아기 낳는 해산의 수고로움을 주셨다.

ii. 여자에게 남편을 사모하고 남편이 다스릴 것을 벌로 주셨다.

3) 여자의 말을 듣고 범죄한 남자를 심판하셨다.

창 3:17~19 "아담에게 이르시되 네가 네 아내의 말을 듣고 내가 네게 먹지 말라 한 나무의 열매를 먹었은즉 땅은 너로 말미암아 저주를 받고 너는 네 평생에 수고하여야 그 소산을 먹으리라 땅이 네게

가시덤불과 엉겅퀴를 낼 것이라 네가 먹을 것은 밭의 채소인즉 네가
흙으로 돌아갈 때까지 얼굴에 땀을 흘려야 먹을 것을 먹으리니 네가
그것에서 취함을 입었음이라 너는 흙이니 흙으로 돌아갈 것이니라
하시니라"

   i. 남자에게 땅의 저주로 일생 동안 땀 흘리는 수고로움을 주셨다.

   ii. 남자에게 영생하지 못하는 죽음의 저주를 주셨다.

8. 에덴동산에서 쫓겨난 아담과 하와

창 3:22~24 "여호와 하나님이 이르시되 보라 이 사람이 선악을 아는 일에 우리 중 하나 같이 되었으니 그가 그의 손을 들어 생명 나무 열매도 따먹고 영생할까 하노라 하시고 여호와 하나님이 에덴 동산에서 그를 내보내어 그의 근원이 된 땅을 갈게 하시니라 이같이 하나님이 그 사람을 쫓아내시고 에덴 동산 동쪽에 그룹들과 두루 도는 불 칼을 두어 생명 나무의 길을 지키게 하시니라"

9. 하나님의 구원인 메시아 언약

1) 메시아는 여자의 후손으로 태어나실 것을 언약하셨다.

창 3:15 "내가 너로 여자와 원수가 되게 하고 네 후손도 여자의 후손과 원수가 되게 하리니 여자의 후손은 네 머리를 상하게 할 것이요 너는 그의 발꿈치를 상하게 할 것이니라 하시고"

ⅰ. 메시아의 이름은 임마누엘이라 하셨다.

사 7:14 "그러므로 주께서 친히 징조를 너희에게 주실 것이라 보라 처녀가 잉태하여 아들을 낳을 것이요 그의 이름을 임마누엘이라 하리라"

마 1:23 "보라 처녀가 잉태하여 아들을 낳을 것이요 그의 이름은 임마누엘이라 하리라 하셨으니 이를 번역한즉 하나님이 우리와 함께 계시다 함이라"

ⅱ. 임마누엘은 예수를 말씀하신다.

마 1:21 "아들을 낳으리니 이름을 예수라 하라 이는 그가 자기 백성을 그들의 죄에서 구원할 자이심이라 하니라"

2) 하나님께서 아담과 그의 아내를 위하여 가죽옷을 입히셨다.

창 3:21 "여호와 하나님이 아담과 그의 아내를 위하여 가죽옷을 지어 입히시니라"

ⅰ. 가죽옷은 죄를 가리어주시는 자, 예수를 말씀하신다.

시 32:1~32 [다윗의 마스길] "허물의 사함을 받고 자신의 죄가 가려진 자는 복이 있도다 마음에 간사함이 없고 여호와께 정죄를 당하지 아니하는 자는 복이 있도다"

요 1:29 "이튿날 요한이 예수께서 자기에게 나아오심을 보고 이르되 보라 세상 죄를 지고 가는 하나님의 어린 양이로다"

롬 4:7~8 "불법이 사함을 받고 죄가 가리어짐을 받는 사람들은 복이 있고 주께서 그 죄를 인정하지 아니하실 사람은 복이 있도다 함과 같으니라"

10. 범죄한 인간들의 마음은?

1) 노아의 홍수 전 상태는 모든 계획이 항상 악하였다.

창 6:5~7 "여호와께서 사람의 죄악이 세상에 가득함과 그의 마음으로 생각하는 모든 계획이 항상 악할 뿐임을 보시고 땅 위에 사람 지으셨음을 한탄하사 마음에 근심하시고 이르시되 내가 창조한 사람을 내가 지면에서 쓸어버리되 사람으로부터 가축과 기는 것과 공중의 새까지 그리하리니 이는 내가 그것들을 지었음을 한탄함이니라 하시니라"

i. 하나님께서 심판하셨다.

창 7:4 "지금부터 칠 일이면 내가 사십 주야를 땅에 비를 내려 내가 지은 모든 생물을 지면에서 쓸어버리리라"

2) 하늘에 닿게 하려는 교만한 마음으로 바벨탑을 건설하였다.

창 11:4 "또 말하되 자, 성읍과 탑을 건설하여 그 탑 꼭대기를 하늘에 닿게 하여 우리 이름을 내고 온 지면에 흩어짐을 면하자 하였더니"

i. 하나님께서 심판하셨다.

창 11:9 "그러므로 그 이름을 바벨이라 하니 이는 여호와께서 거기서 온 땅의 언어를 혼잡하게 하셨음이니라 여호와께서 거기서 그들을 온 지면에 흩으셨더라"

3) 소돔과 고모라의 멸망 전에 무거운 죄악이 있었다.

창 18:20 "여호와께서 또 이르시되 소돔과 고모라에 대한 부르짖음이 크고 그 죄악이 심히 무거우니"

ⅰ. 하나님께서 심판하셨다.

창 19:24~25 "여호와께서 하늘 곧 여호와께로부터 유황과 불을 소돔과 고모라에 비같이 내리사 그 성들과 온 들과 성에 거주하는 모든 백성과 땅에 난 것을 다 엎어 멸하셨더라"

4) 광야 40년 성경 민수기 속 이스라엘의 범죄는 어떠하였는가?

(1) 광야에 나온 이스라엘 백성들이 악한 말로 하나님을 원망하였다.

민 11:1 "여호와께서 들으시기에 백성이 악한 말로 원망하매 여호와께서 들으시고 진노하사 여호와의 불을 그들 중에 붙여서 진영 끝을 사르게 하시매"

(2) 광야에서 고기 먹지 못함을 불평하였다.

민 11:4 "그들 중에 섞여 사는 다른 인종들이 탐욕을 품으매 이스라엘 자손도 다시 울며 이르되 누가 우리에게 고기를 주어 먹게 하랴"

ⅰ. 하나님께서 메추라기를 보내주셨다.

민 11:31~32 "바람이 여호와에게서 나와 바다에서부터 메추라기를 몰아 진영 곁 이쪽 저쪽 곧 진영 사방으로 각기 하룻길 되는 지면 위 두 규빗쯤에 내리게 한지라 백성이 일어나 그 날 종일 종야와 그 이튿날 종일토록 메추라기를 모으니 적게 모은 자도 열 호멜이라 그들이 자기들을 위하여 진영 사면에 펴 두었더라"

ii. 그 후 하나님의 심판이 있었다.
민 11:33~34 "고기가 아직 이 사이에 있어 씹히기 전에 여호와께서 백성에게 대하여 진노하사 심히 큰 재앙으로 치셨으므로 그 곳 이름을 기브롯 핫다아와**2**라 불렀으니 욕심을 낸 백성을 거기 장사함이었더라"

(3) 지도자 모세를 비방하였다.
민 12:1 "모세가 구스 여자를 취하였더니 그 구스 여자를 취하였으므로 미리암과 아론이 모세를 비방하니라"

i. 그래도 하나님은 모세를 세우셨다.
민 12:3 "이 사람 모세는 온유함이 지면의 모든 사람보다 더하더라"
민 12:7 "내 종 모세와는 그렇지 아니하니 그는 내 온 집에 충성함이라"

ii. 그 후 하나님의 심판이 있었다.
민 12:10 "구름이 장막 위에서 떠나갔고 미리암은 나병에 걸려 눈과 같더라 아론이 미리암을 본즉 나병에 걸렸는지라"
민 12:14 "여호와께서 모세에게 이르시되 그의 아버지가 그의 얼굴에 침을 뱉었을지라도 그가 이레 동안 부끄러워하지 않겠느냐 그런즉 그를 진영 밖에 이레 동안 가두고 그 후에 들어오게 할지니라 하

---

2 히) 탐욕의 무덤

시니"

(4) 광야 길에서 우회함으로 길로 말미암아 백성들이 원망하였다.

민 21:4 "백성이 호르 산에서 출발하여 홍해 길을 따라 에돔 땅을 우회하려 하였다가 길로 말미암아 백성의 마음이 상하니라"

ⅰ. 하나님께서 심판하셨다.

민 21:6 "여호와께서 불뱀들을 백성 중에 보내어 백성을 물게 하시므로 이스라엘 백성 중에 죽은 자가 많은지라"

(5) 가나안땅의 정탐사건은 어떠하였는가?

민 13:2 "사람을 보내어 내가 이스라엘 자손에게 주는 가나안 땅을 정탐하게 하되 그들의 조상의 가문 각 지파 중에서 지휘관 된 자 한 사람씩 보내라"

이스라엘 백성들은 광야 40년 동안 41회의 장막을 옮겼으며 가데스는 32번째의 진이다. 최종 목표점 기준 78%에 도착한 곳이다. 이 부정적인 보고자들 때문에 홍해 길로 40년 광야생활이 시작된 것이다.

"너희는 방향을 돌려 홍해 길을 따라 광야로 들어갈지니라 하시매"(신 1:40)

그 후 부정적인 보고자들은 다 죽고 긍정적인 보고를 한 여호수아와 갈렙, 20세 이하의 자녀들만 가나안 땅에 들어가게 되었다. 민수기 속 범죄의 심판은 총 9건인데 말(言)로 인한 죄는 5건(55.5%), 불순종 죄는 2건(22.2%), 반역죄는 1건, 그리고 음행 죄는 1건이다.

그렇다면, 말(言)이 얼마나 중요한지를 깊이 생각해야 할 것이다.

"누구든지 스스로 경건하다 생각하며 자기 혀를 재갈 물리지 아니하고 자기 마음을 속이면 이 사람의 경건은 헛것이라"(약 1:26)

"우리가 다 실수가 많으니 만일 말에 실수가 없는 자라면 곧 온전한 사람이라 능히 온 몸도 굴레 씌우리라"(약 3:2)

i. 부정적인 자들의 보고는 어떠하였는가?

민 13:28 "그러나 그 땅 거주민은 강하고 성읍은 견고하고 심히 클 뿐 아니라 거기서 아낙 자손을 보았으며"

민 13:33 "거기서 네피림 후손인 아낙 자손의 거인들을 보았나니 우리는 스스로 보기에도 메뚜기 같으니 그들이 보기에도 그와 같았을 것이니라"

ii. 하나님께서 심판하셨다.

민 14:29~30 "너희 시체가 이 광야에 엎드러질 것이라 너희 중에서 이십 세 이상으로서 계수된 자 곧 나를 원망한 자 전부가 여분네의 아들 갈렙과 눈의 아들 여호수아 외에는 내가 맹세하여 너희에게 살게 하리라 한 땅에 결단코 들어가지 못하리라"

민 14:37 "곧 그 땅에 대하여 악평한 자들은 여호와 앞에서 재앙으로 죽었고"

(6) 불순종한 가나안의 지름길인 산지로 올라가는 자들은 어떠하였는가?

민 14:39~40 "모세가 이 말로 이스라엘 모든 자손에게 알리매 백성이 크게 슬퍼하여 아침에 일찍이 일어나 산 꼭대기로 올라가며 이르되 보소서 우리가 여기 있나이다 우리가 여호와께서 허락하신 곳으로 올라가리니 우리가 범죄하였음이니이다"

i. 광야로 가라는 하나님의 명령이 있었다.

민 14:25 "아말렉인과 가나안인이 골짜기에 거주하나니 너희는 내일 돌이켜 홍해 길을 따라 광야로 들어갈지니라"

ii. 산지로 올라가는 불순종한 자들은 어떻게 되었는가?

민 14:41~44 "모세가 이르되 너희가 어찌하여 이제 여호와의 명령을 범하느냐 이 일이 형통하지 못하리라 여호와께서 너희 중에 계시지 아니하니 올라가지 말라 너희의 대적 앞에서 패할까 하노라 아말렉인과 가나안인이 너희 앞에 있으니 너희가 그 칼에 망하리라 너희가 여호와를 배반하였으니 여호와께서 너희와 함께 하지 아니하시리라 하나 그들이 그래도 산 꼭대기로 올라갔고 여호와의 언약궤와 모세는 진영을 떠나지 아니하였더라"

iii. 하나님께서 심판하셨다.

민 14:45 "아말렉인과 산간지대에 거주하는 가나안인이 내려와 그들을 무찌르고 호르마까지 이르렀더라"

(7) 안식일에 계명을 어기고 어떤 사람이 나무하는 죄를 범하였다.

민 15:32 "이스라엘 자손이 광야에 거류할 때에 안식일에 어떤 사람이 나무하는 것을 발견한지라"

ⅰ. 하나님께서 심판하셨다.

민 15:36 "온 회중이 곧 그를 진영 밖으로 끌어내고 돌로 그를 쳐죽여서 여호와께서 모세에게 명령하신 대로 하니라"

하나님의 일은 순종해야 한다. 이스라엘 초대왕인 사울은 아말렉 군대와 싸움에서 죄인 아말렉 사람을 진멸하되 다 없어지기까지 치라 하였지만 왕 아각을 사로잡고, 살진 양과 소를 살려오는 죄를 범한 것이다. 그 후 그는 기름 부으심이 떠났다.

"사무엘이 이르되 여호와께서 번제와 다른 제사를 그의 목소리를 청종하는 것을 좋아하심 같이 좋아하시겠나이까 순종이 제사보다 낫고 듣는 것이 숫양의 기름보다 나으니 이는 거역하는 것은 점치는 죄와 같고 완고한 것은 사신 우상에게 절하는 죄와 같음이라 왕이 여호와의 말씀을 버렸으므로 여호와께서도 왕을 버려 왕이 되지 못하게 하셨나이다 하니"(삼상 15:22~23)

(8) 모세를 향해 고라, 다단, 아비람, 온과 250명의 지휘관의 반역죄는 어떠하였는가?

민 16:1~2 "레위의 증손 고핫의 손자 이스할의 아들 고라와 르우벤 자손 엘리압의 아들 다단과 아비람과 벨렛의 아들 온이 당을 짓고 이스라엘 자손 총회에서 택함을 받은 자 곧 회중 가운데에서 이름 있는 지휘관 이백오십 명과 함께 일어나서 모세를 거스르니라"

그 후 하나님께서 심판하셨다.

ⅰ. 고라의 가족을 땅이 삼켜 버렸다.

민 16:32~33 "땅이 그 입을 열어 그들과 그들의 집과 고라에게 속한 모든 사람과 그들의 재물을 삼키매 그들과 그의 모든 재물이 산 채로 스올에 빠지며 땅이 그 위에 덮이니 그들이 회중 가운데서 망하니라"

ii. 고라를 따른 250명 지휘관들은 불이 태워 죽였다.

민 16:35 "여호와께로부터 불이 나와서 분향하는 이백오십 명을 불살랐더라"

iii. 그 후 염병으로 죽은 자가 14,700명이 죽었다.

민 16:49 "고라의 일로 죽은 자 외에 염병에 죽은 자가 만 사천칠백 명이었더라"

(9) 바알 브올 음행사건은 어떠하였는가?

민 25:1~3 "이스라엘이 싯딤에 머물러 있더니 그 백성이 모압 여자들과 음행하기를 시작하니라 그 여자들이 자기 신들에게 제사할 때에 이스라엘 백성을 청하매 백성이 먹고 그들의 신들에게 절하므로 이스라엘이 바알브올에게 가담한지라 여호와께서 이스라엘에게 진노하시니라"

그 후 하나님께서 심판하셨다.

i. 제사장 비느하스가 음행자인 모압 여인과 이스라엘 남자를 창으로 죽였다.

민 25:7~8 "제사장 아론의 손자 엘르아살의 아들 비느하스가 보고 회중 가운데에서 일어나 손에 창을 들고그 이스라엘 남자를 따라 그의 막사에 들어가 이스라엘 남자와 그 여인의 배를 꿰뚫어서 두 사람을 죽이니 염병이 이스라엘 자손에게서 그쳤더라"

ii. 염병으로 24,000명 죽었다.

민 25:9 "그 염병으로 죽은 자가 이만 사천 명이었더라"

유 1:11 "화 있을진저 이 사람들이여, 가인의 길에 행하였으며 삯을 위하여 발람의 어그러진 길로 몰려 갔으며 고라의 패역을 따라 멸망을 받았도다"

5) 거짓되고 심히 부패한 것은 인간의 마음이다.

렘 17:9~10 "만물보다 거짓되고 심히 부패한 것은 마음이라 누가 능히 이를 알리요마는 나 여호와는 심장을 살피며 폐부를 시험하고 각각 그의 행위와 그의 행실대로 보응하나니"

6) 성경 에스겔서 22장의 이스라엘의 16가지 죄악들은 무엇인가?

겔 22:7~12 "그들이 네 가운데에서 부모를 업신여겼으며 네 가운데에서 나그네를 학대하였으며 네 가운데에서 고아와 과부를 해하였도다 너는 나의 성물들을 업신여겼으며 나의 안식일을 더럽혔으며 네 가운데에 피를 흘리려고 이간을 붙이는 자도 있었으며 네 가운데에 산 위에서 제물을 먹는 자도 있었으며 네 가운데에 음행하는 자도 있었으며 네 가운데에 자기 아버지의 하체를 드러내는 자도 있었으며 네 가운데에 월경하는 부정한 여인과 관계하는 자도 있었으며 어떤 사람은 그 이웃의 아내와 가증한 일을 행하였으며 어떤 사람은 그의 며느리를 더럽혀 음행하였으며 네 가운데에 어떤 사람은 그 자매 곧 아버지의 딸과 관계하였으며 네 가운데에 피를 흘리려고 뇌물을 받는 자도 있었으며 네가 변돈과 이자를 받았으며 이익을 탐하여 이웃을 속여 빼앗았으며 나를 잊어버렸도다 주 여호와의 말씀이니라"

7) 성경 로마서 1장의 하나님의 나라를 유업으로 받지 못하는 21가지 죄들은 무엇인가?

롬 1:28~31 "또한 그들이 마음에 하나님의 나라를 유업으로 받지 못하매 하나님께서 그들을 그 상실한 마음대로 내버려 두사 합당하지 못한 일을 하게 하셨으니 곧 모든 불의, 추악, 탐욕, 악의가 가득한 자요 시기, 살인, 분쟁, 사기, 악독이 가득한 자요 수군수군하는 자요 비방하는 자요 하나님께서 미워하시는 자요 능욕하는 자요 교만한 자요 자랑하는 자요 악을 도모하는 자요 부모를 거역하는 자요 우매한 자요 배약하는 자요 무정한 자요 무자비한 자라"

i. 인간은 입술의 거짓말과 저주와 악독이 있다.

롬 3:13 "그들의 목구멍은 열린 무덤이요 그 혀로는 속임을 일삼으며 그 입술에는 독사의 독이 있고 그 입에는 저주와 악독이 가득하고 ㄱ 발은 피 흘리는 데 빠른지라"

8) 성경 고린도전서 6장의 하나님의 나라를 유업으로 받지 못하는 10가지 죄들은 무엇인가?

고전 6:9~10 "불의한 자가 하나님의 나라를 유업으로 받지 못할 줄을 알지 못하느냐 미혹을 받지 말라 음행하는 자나 우상 숭배하는 자나 간음하는 자나 탐색하는 자나 남색하는 자나 도적이나 탐욕을 부리는 자나 술 취하는 자나 모욕하는 자나 속여 빼앗는 자들은 하나님의 나라를 유업으로 받지 못하리라"

9) 말세에 고통하는 때의 19가지 죄들은 무엇인가?

딤후 3:1~5 "너는 이것을 알라 말세에 고통하는 때가 이르러 사람들이 자기를 사랑하며 돈을 사랑하며 자랑하며 교만하며 비방하며 부모를 거역하며 감사하지 아니하며 거룩하지 아니하며 무정하며 원통함을 풀지 아니하며 모함하며 절제하지 못하며 사나우며 선한 것을 좋아하지 아니하며 배신하며 조급하며 자만하며 쾌락을 사랑하기를 하나님 사랑하는 것보다 더하며 경건의 모양은 있으나 경건의 능력은 부인하니 이같은 자들에게서 네가 돌아서라"

10) 성경 요한계시록 21장의 둘째 사망에 떨어지는 8가지 죄들은 무엇인가?

계 21:8 "그러나 두려워하는 자들과 믿지 아니하는 자들과 흉악한 자들과 살인자들과 음행하는 자들과 점술가들과 우상 숭배자들과 거짓말하는 모든 자들은 불과 유황으로 타는 못에 던져지리니 이것이 둘째 사망이라"

제2부

죄에서 의롭게 되는 원리

의*righteousness*는 하나님의 거룩한 속성으로 하나님의 의를 말하며 칭의는 그리스어 δίΚαίοο(Jastify) 디카이 오 '사람을 옳다고 선포하는 것'을 말한다.

1. 율법의 의

신 6:25 "우리가 그 명령하신 대로 이 모든 명령을 우리 하나님 여호와 앞에서 삼가 지키면 그것이 곧 우리의 의로움이니라 할지니라"

ⅰ. 율법은 죄를 깨닫는 것이다.

롬 3:20 "그러므로 율법의 행위로 그의 앞에 의롭다 하심을 얻을 육체가 없나니 율법으로는 죄를 깨달음이니라"

ⅱ. 율법은 불법한 자를 위해서 있다.

딤전 1:9~10 "알 것은 이것이니 율법은 옳은 사람을 위하여 세운 것이 아니요 오직 불법한 자와 복종하지 아니하는 자와 경건하지 아니한 자와 죄인과 거룩하지 아니한 자와 망령된 자와 아버지를 죽이는 자와 어머니를 죽이는 자와 살인하는 자며 음행하는 자와 남색하는 자와 인신매매를 하는 자와 거짓말하는 자와 거짓 맹세하는 자와 기타 바른 교훈을 거스르는 자를 위함이니"

iii. 율법은 죽이는 것이다.

고후 3:6 "그가 또한 우리를 새 언약의 일꾼 되기에 만족하게 하셨으니 율법 조문으로 하지 아니하고 오직 영으로 함이니 율법 조문은 죽이는 것이요 영은 살리는 것이니라"

iv. 예수님은 율법을 어떻게 말씀하셨는가?

마 5:17, 20 "내가 율법이나 선지자를 폐하러 온 줄로 생각하지 말라 폐하러 온 것이 아니요 완전하게 하려 함이라"

"내가 너희에게 이르노니 너희 의가 서기관과 바리새인보다 더 낫지 못하면 결코 천국에 들어가지 못하리라"

2. 유대교의 의

사도 바울은 자신이 유대교에 열심 있는 신자라고 말한다.

갈 1:14 "내가 내 동족 중 여러 연갑자보다 유대교를 지나치게 믿어 내 조상의 전통에 대하여 더욱 열심이 있었으나"

1) 유대인은 의롭다 함을 얻기 위해 할례를 받아야 한다.

갈 2:3 "그러나 나와 함께 있는 헬라인 디도까지도 억지로 할례를 받게 하지 아니하였으니"

롬 2:29 "오직 이면적 유대인이 유대인이며 할례는 마음에 할지니 영에 있고 율법 조문에 있지 아니한 것이라 그 칭찬이 사람에게서가 아니요 다만 하나님에게서니라"

사도 바울은 할례에 의로움이 있지 않다는 것을 알리기 위해 이방인 제자인 디도를 할례받지 않게 하고 어머니는 유대인, 아버지는 이방인을 둔 제자 디모데는 할례를 받게 하였다. 그것은 단지 할례의 의를 인정하는 것이 아니라 복음 전도의 유익을 위해서다.

i. 아브라함과 할례의 언약은 무엇인가?

창 17:10~14 "너희 중 남자는 다 할례를 받으라 이것이 나와 너희와 너희 후손 사이에 지킬 내 언약이니라 너희는 포피를 베어라 이것이 나와 너희 사이의 언약의 표징이니라 너희의 대대로 모든 남자는 집에서 난 자나 또는 너희 자손이 아니라 이방 사람에게서 돈으로 산 자를 막론하고 난 지 팔 일 만에 할례를 받을 것이라 너희 집에서 난 자든지 너희 돈으로 산 자든지 할례를 받아야 하리니 이에 내 언약이 너희 살에 있어 영원한 언약이 되려니와 할례를 받지 아니한 남자 곧 그 포피를 베지 아니한 자는 백성 중에서 끊어지리니 그가 내 언약을 배반하였음이니라"

2) 유대인은 율법의 행위를 지켜야 한다.

갈 2:16 "사람이 의롭게 되는 것은 율법의 행위로 말미암음이 아니요 오직 예수 그리스도를 믿음으로 말미암는 줄 알므로 우리도 그리스도 예수를 믿나니 이는 우리가 율법의 행위로써가 아니고 그리스도를 믿음으로써 의롭다 함을 얻으려 함이라 율법의 행위로써는 의롭다 함을 얻을 육체가 없느니라"

3) 모세의 십계명을 다 지켜야 한다. (출 20:3~17)

i. 3절 "너는 나 외에는 다른 신들을 네게 두지 말라"

ii. 4~6절 "너를 위하여 새긴 우상을 만들지 말고 또 위로 하늘에 있는 것이나 아래로 땅에 있는 것이나 땅 아래 물 속에 있는 것의 어떤 형상도 만들지 말며 그것들에게 절하지 말며 그것들을 섬기지 말라 나 네 하나님 여호와는 질투하는 하나님인즉 나를 미워하는 자의 죄를 갚되 아버지로부터 아들에게로 삼사 대까지 이르게 하거니와 나를 사랑하고 내 계명을 지키는 자에게는 천 대까지 은혜를 베푸느니라"

iii. 7절 "너는 네 하나님 여호와의 이름을 망령되게 부르지 말라 여호와는 그의 이름을 망령되게 부르는 자를 죄 없다 하지 아니하리라"

iv. 8~11절 "안식일을 기억하여 거룩하게 지키라 엿새 동안은 힘써 네 모든 일을 행할 것이나 일곱째 날은 네 하나님 여호와의 안식일인즉 너나 네 아들이나 네 딸이나 네 남종이나 네 여종이나 네 가축이나 네 문안에 머무는 객이라도 아무 일도 하지 말라 이는 엿새 동안에 나 여호와가 하늘과 땅과 바다와 그 가운데 모든 것을 만들고 일곱째 날에 쉬었음이라 그러므로 나 여호와가 안식일을 복되게 하여 그 날을 거룩하게 하였느니라"

v. 12절 "네 부모를 공경하라 그리하면 네 하나님 여호와가 네게 준 땅에서 네 생명이 길리라"

vi. 13절 "살인하지 말라"

vii. 14절 "간음하지 말라"

viii. 15절 "도둑질하지 말라"

ix. 16절 "네 이웃에 대하여 거짓 증거하지 말라"

x. 17절 "네 이웃의 집을 탐내지 말라 네 이웃의 아내나 그의 남종이나 그의 여종이나 그의 소나 그의 나귀나 무릇 네 이웃의 소유를 탐내지 말라"

4) 유대인은 구약성경의 모든 명령을 지켜야 한다.
신 6:25 "우리가 그 명령하신 대로 이 모든 명령을 우리 하나님 여호와 앞에서 삼가 지키면 그것이 곧 우리의 의로움이니라 할지니라"

신학자들은 ○○하라! 는 명령이 248개 조항, ○○ 하지 말라! 명령
은 365조항 총 613조항이라고 한다.

5) 유대인은 이스라엘 장로들의 전통을 지켜야 한다.
마 15:2 "당신의 제자들이 어찌하여 장로들의 전통을 범하나이까
떡 먹을 때에 손을 씻지 아니하나이다"

6) 유대인은 온전히 행하는 자가 의인이다.
잠 20:7 "온전하게 행하는 자가 의인이라 그의 후손에게 복이 있느
니라"

7) 유대인은 날, 달, 절기를 지켜야 한다.
갈 4:10 "너희가 날과 달과 절기와 해를 삼가 지키니"
골 2:16 "그러므로 먹고 마시는 것과 절기나 초하루나 안식일을 이
유로 누구든지 너희를 비판하지 못하게 하라"

매년 3대 절기를 잘 지켜야 한다.(출 23:14~17)
14절 "너는 매년 세 번 내게 절기를 지킬지니라"

i. 유월절을 지켜야 한다.
15절 "너는 무교병의 절기를 지키라 내가 네게 명령한 대로 아빕월
의 정한 때에 이레 동안 무교병을 먹을지니 이는 그 달에 네가 애굽
에서 나왔음이라 빈 손으로 내 앞에 나오지 말지니라"

ii. 맥추절을 지켜야 한다.

16절 "맥추절을 지키라 이는 네가 수고하여 밭에 뿌린 것의 첫 열매를 거둠이니라"

iii. 수장절을 지켜야 한다.

16b "수장절을 지키라 이는 네가 수고하여 이룬 것을 연말에 밭에서부터 거두어 저장함이니라"

17절 "네 모든 남자는 매년 세 번씩 주 여호와께 보일지니라"

3. 가톨릭 교회*Catholic church*의 구원은?

교회 밖을 떠나서는 있을 수 없다. 교회와의 연합에 의해서만 구원이 주어진다.

교회만이 하나님의 유일한 은혜의 통로이며 이 은혜는 교회의 성례를 통하여 전달된다.

7성례는 견진*Contirmation*, 고해*Penance*, 안수례*orders*, 결혼식*matrimony*, 종유식*extreme unction*, 세례, 성찬이다.

1) 그리스도인의 완전한 상태에 도달한 자는 천국으로 간다.

2) 부분적 성화자는 연옥*Purgatory*으로 간다.

'연옥'은 정화한다는 뜻이다.

하나님의 무조건적 은혜, 속죄행위, 통회자복, 지상에 있는 자의 미사, 기도, 선행으로 해결된다.

3) 세례받지 못한 장년, 세례 후 죽음의 죄로 은혜를 상실하고 죽은 자는 지옥으로 간다.

4) 구약 선조는 선조 림보(Limbo)로 간다.

5) 세례받지 못한 영아는 영아 림보로 간다.

4. 하나님의 한 의(義)

롬 3:21 "이제는 율법 외에 하나님의 한 의가 나타났으니 율법과 선지자들에게 증거를 받은 것이라"

1) 율법과 선지자들에게 증거를 받은 분 모세와 같은 선지자는 누구인가?

신 18:15 "네 하나님 여호와께서 너희 가운데 네 형제 중에서 너를 위하여 나와 같은 선지자 하나를 일으키시리니 너희는 그의 말을 들을지니라"

신 18:19 "누구든지 내 이름으로 전하는 내 말을 듣지 아니하는 자는 내게 벌을 받을 것이요"

i. 사도 베드로는 모든 선지자들이 말하는 모세와 같은 이가 나사렛 예수라고 증언하였다.

행 3:22~23 "모세가 말하되 주 하나님이 너희를 위하여 너희 형제 가운데서 나 같은 선지자 하나를 세울 것이니 너희가 무엇이든지 그의 모든 말을 들을 것이라 누구든지 그 선지자의 말을 듣지 아니하는 자는 백성 중에서 멸망 받으리라 하였고"

율법과 선지자들에게 증거를 받은 분 모세가 말하는 나와 같은 선지자는 예수 그리스도라는 사실이다. 그러므로 하나님의 한 의는 예수 그리스도이다.

2) 예수가 하나님의 아들이라는 확실한 증거를 말한 사도 베드로

의 증언은 무엇인가?(행2:14~36)

(1) 예수가 하나님의 아들이라는 확실한 증거는 성령 강림 예언의 성취이다.

i. 성령 강림의 예언은 무엇인가?

욜 2:28~29 "그 후에 내가 내 영을 만민에게 부어 주리니 너희 자녀들이 장래 일을 말할 것이며 너희 늙은이는 꿈을 꾸며 너희 젊은이는 이상을 볼 것이며 그 때에 내가 또 내 영을 남종과 여종에게 부어 줄 것이며"

ii. 성령 강림의 예언이 성취되었다.

행 2:16~18 "이는 곧 선지자 요엘을 통하여 말씀하신 것이니 일렀으되 하나님이 말씀하시기를 말세에 내가 내 영을 모든 육체에 부어 주리니 너희의 자녀들은 예언할 것이요 너희의 젊은이들은 환상을 보고 너희의 늙은이들은 꿈을 꾸리라 그 때에 내가 내 영을 내 남종과 여종들에게 부어 주리니 그들이 예언할 것이요"

행 2:33 "하나님이 오른손으로 예수를 높이시매 그가 약속하신 성령을 아버지께 받아서 너희가 보고 듣는 이것을 부어 주셨느니라"

BC 820년경 남 유다의 요엘 선지자의 성령 강림의 예언이 예수가 부활 후 40일째, 승천 후 10일째 되는 날 마가 요한의 다락방에 성령 강림 사건으로 임하여 성령이 충만한 베드로와 제자들이 예수를 죽인 예루살렘 시가지에 나가 선포한 것이다.

(2) 예수가 하나님의 아들이라는 확실한 증거는 나사렛 예수가 큰 권능과 기사, 표적을 보이신 것이다.

행 2:22 "이스라엘 사람들아 이 말을 들으라 너희도 아는 바와 같이 하나님께서 나사렛 예수로 큰 권능과 기사와 표적을 너희 가운데서 베푸사 너희 앞에서 그를 증언하셨느니라"

예수님은 자연의 힘을 명령하셨다.

i. 예수님은 가나의 혼인 잔치에서 물로 포도주를 만드셨다.

요 2:1~11 "사흘째 되던 날 갈릴리 가나에 혼례가 있어 예수의 어머니도 거기 계시고

2 예수와 그 제자들도 혼례에 청함을 받았더니

3 포도주가 떨어진지라 예수의 어머니가 예수에게 이르되 저들에게 포도주가 없다 하니

4 예수께서 이르시되 여자여 나와 무슨 상관이 있나이까 내 때가 아직 이르지 아니하였나이다

5 그의 어머니가 하인들에게 이르되 너희에게 무슨 말씀을 하시든지 그대로 하라 하니라

6 거기에 유대인의 정결 예식을 따라 두세 통 드는 돌항아리 여섯이 놓였는지라

7 예수께서 그들에게 이르시되 항아리에 물을 채우라 하신즉 아귀까지 채우니

8 이제는 떠서 연회장에게 갖다 주라 하시매 갖다 주었더니

9 연회장은 물로 된 포도주를 맛보고도 어디서 났는지 알지 못하되 물 떠온 하인들은 알더라 연회장이 신랑을 불러

10 말하되 사람마다 먼저 좋은 포도주를 내고 취한 후에 낮은 것을 내거늘 그대는 지금까지 좋은 포도주를 두었도다 하니라

11 예수께서 이 첫 표적을 갈릴리 가나에서 행하여 그의 영광을 나타내시매 제자들이 그를 믿으니라"

예수님이 갈릴리 가나의 혼인 잔치에서 물로 포도주를 만드신 표적은 물(H_2O)을 화학적으로 전혀 다른 알코올(C_2H_5OH)로 만든 기적이다.

ii. 오병이어(보리떡 5개, 물고기 2마리)로 오천 명을 먹이시고 열두 광주리 남는 기적을 행하셨다.

— 요 6:5~14

iii. 예수님은 바다 위로 걸어서 오셨다.

— 마 14: 22~33

ix. 예수님은 큰 광풍을 잔잔하게 하셨다.

— 막 4:37~41

v. 예수님은 떡 7개, 생선 2마리로 4천 명을 먹이셨다.

— 막 8:1~9

vi. 예수님은 고기 입에서 주화가 나오는 권능을 행하셨다.

— 마 17:24~27

vii. 예수님은 무화과나무가 곧 마르는 권능을 행하셨다.

— 마 21:18~22

viii. 예수님은 사도 베드로를 부르실 때 두 배에 채우는 고기를 잡는 기사를 행하셨다.

— 눅 5:4~11

ix. 부활하신 예수가 153마리의 고기를 잡게 하셨다.

— 요 21:1~11

병을 고치시는 예수.

마 4:23~24 "예수께서 온 갈릴리에 두루 다니사 그들의 회당에서 가르치시며 천국 복음을 전파하시며 백성 중의 모든 병과 모든 약한 것을 고치시니 그의 소문이 온 수리아에 퍼진지라 사람들이 모든 앓는 자 곧 각종 병에 걸려서 고통당하는 자, 귀신 들린 자, 간질하는 자, 중풍병자들을 데려오니 그들을 고치시더라"

 i. 예수님은 나병환자를 치료하셨다.

마 8:2~4 "한 나병환자가 나아와 절하며 이르되 주여 원하시면 저를 깨끗하게 하실 수 있나이다 하거늘

3 예수께서 손을 내밀어 그에게 대시며 이르시되 내가 원하노니 깨끗함을 받으라 하시니 즉시 그의 나병이 깨끗하여진지라

4 예수께서 이르시되 삼가 아무에게도 이르지 말고 다만 가서 제사장에게 네 몸을 보이고 모세가 명한 예물을 드려 그들에게 입증하라 하시니라"

ii. 예수님은 백부장의 사랑하는 종을 고치셨다.

— 눅 7:1~10

iii. 예수님은 베드로의 장모의 열병을 치료하셨다.

— 마 8:14~15

iv. 예수님은 가다라 지방에 귀신 들린 자 둘을 치료하셨다.

— 마 8:28~34

v. 예수님은 한 중풍병자를 사람들이 침상에 메고 와서 고침받았다.

— 눅 5:18~26

vi. 예수님은 12년 동안 혈루증을 앓는 여자를 고치셨다.

— 마 9:20~22

vii. 예수님은 두 맹인을 눈 뜨게 하셨다.

— 마 9:27~31

viii. 예수님은 귀신 들려 말 못하는 사람을 고치셨다.

— 마 9:32~33

ix. 예수님은 오른손 마른 사람을 고치셨다.

— 눅 6:6~10

x. 예수님은 눈멀고 말 못하는 사람을 고치셨다.

— 마 12:22

xi. 예수님은 수로보니게 족속의 딸을 고치셨다.

— 막 7:24~30

xii. 예수님은 간질로 심히 고생하는 아들을 고치셨다.

— 마 17:14~18

ⅰ. 예수님은 여리고의 한 맹인을 고치셨다.

— 눅 18:35~43

ⅱ. 예수님은 귀먹고 말 더듬는 자를 고치셨다.

— 막 7:31~37

ⅲ. 예수님은 회당에 더러운 귀신 들린 사람을 고치셨다.

— 막 1:23~27

ⅳ. 예수님은 벳새다에 맹인 한 사람을 거듭 안수 기도해 고치셨다.

— 막 8:22~26

ⅴ. 예수님은 곱사등의 여인을 고치셨다.

— 눅 13:11~13

ⅵ. 예수님은 수종병 든 한 사람을 고치셨다.

— 눅 14:1~4

ⅶ. 예수님은 나병환자 열 명을 고치셨다.
— 눅 17:11~19

ⅷ. 예수님은 대제사장의 종 오른쪽 귀를 고치셨다.
— 눅 22:50~51

ⅸ. 예수님은 가버나움에서 왕의 신하 아들을 고치셨다.
— 요 4:46~54

ⅹ. 예수님은 서른여덟 해 된 병자를 고치셨다.
— 요 5:1~9

예수님은 죽은 자를 살리셨다.

ⅰ. 예수가 회당장 야이로의 딸을 살리셨다.
막 5:21~24 "예수께서 배를 타시고 다시 맞은편으로 건너가시니 큰 무리가 그에게로 모이거늘 이에 바닷가에 계시더니
22 회당장 중의 하나인 야이로라 하는 이가 와서 예수를 보고 발 아래 엎드리어
23 간곡히 구하여 이르되 내 어린 딸이 죽게 되었사오니 오서서 그 위에 손을 얹으사 그로 구원을 받아 살게 하소서 하거늘
24 이에 그와 함께 가실새 큰 무리가 따라가며 에워싸 밀더라"

막 5:35~43 "아직 예수께서 말씀하실 때에 회당장의 집에서 사람들이 와서 회당장에게 이르되 당신의 딸이 죽었나이다 어찌하여 선

생을 더 괴롭게 하나이까

36 예수께서 그 하는 말을 곁에서 들으시고 회당장에게 이르시되 두려워하지 말고 믿기만 하라 하시고

37 베드로와 야고보와 야고보의 형제 요한 외에 아무도 따라옴을 허락하지 아니하시고

38 회당장의 집에 함께 가사 떠드는 것과 사람들이 울며 심히 통곡함을 보시고

39 들어가서 그들에게 이르시되 너희가 어찌하여 떠들며 우느냐 이 아이가 죽은 것이 아니라 잔다 하시니

40 그들이 비웃더라 예수께서 그들을 다 내보내신 후에 아이의 부모와 또 자기와 함께 한 자들을 데리시고 아이 있는 곳에 들어가사

41 그 아이의 손을 잡고 이르시되 달리다굼 하시니 번역하면 곧 내가 네게 말하노니 소녀야 일어나라 하심이라

42 소녀가 곧 일어나서 걸으니 나이가 열두 살이라 사람들이 곧 크게 놀라고 놀라거늘

43 예수께서 이 일을 아무도 알지 못하게 하라고 그들을 많이 경계하시고 이에 소녀에게 먹을 것을 주라 하시니라"

ii. 예수가 나인성의 과부의 아들을 살리셨다.

— 눅 7:11~16

iii. 예수가 죽은 지 나흘이 된 나사로를 살리셨다.

— 요 11:38~44

신약성경에는 예수님이 자연의 힘을 명하신 권능, 기사, 표적은 9

번, 병 고침의 역사는 22번(귀신축사로 인한 질병은 6번 27.2%), 죽은 자를 살리신 기적은 3번, 모두 합하면 총 34번의 기적이 기록되어있다.

"예수께서 행하신 일이 이 외에도 많으니 만일 낱낱이 기록된다면 이 세상이라도 이 기록된 책을 두기에 부족할 줄 아노라"(요 21:25)

3) 예수가 하나님의 아들이라는 확실한 증거는 그가 십자가에 죽으신 것이다.

행 2:23 "그가 하나님께서 정하신 뜻과 미리 아신 대로 내준 바 되었거늘 너희가 법 없는 자들의 손을 빌려 못 박아 죽였으나"

i. 예수는 죄의 대속을 위한 하나님의 어린양이셨다.

요 1:29 "이튿날 요한이 예수께서 자기에게 나아오심을 보고 이르되 보라 세상 죄를 지고 가는 하나님의 어린 양이로다"

사 53:5~6 "그가 찔림은 우리의 허물 때문이요 그가 상함은 우리의 죄악 때문이라 그가 징계를 받으므로 우리는 평화를 누리고 그가 채찍에 맞으므로 우리는 나음을 받았도다 우리는 다 양 같아서 그릇 행하여 각기 제 길로 갔거늘 여호와께서는 우리 모두의 죄악을 그에게 담당시키셨도다"

ii. 예수는 속죄 물 아사셀 염소이셨다.

레 16:10 "아사셀을 위하여 제비 뽑은 염소는 산 채로 여호와 앞에 두었다가 그것으로 속죄하고 아사셀을 위하여 광야로 보낼지니라"

십자가 고난의 예수상(2017년 안면도 샛별에서)

4) 예수가 하나님의 아들이라는 확실한 증거는 그를 부활의 주로 하나님이 다시 살리신 것이다.

행 2:24 "하나님께서 그를 사망의 고통에서 풀어 살리셨으니 이는 그가 사망에 매여 있을 수 없었음이라"

행 2:31~32 "미리 본 고로 그리스도의 부활을 말하되 그가 음부에 버림이 되지 않고 그의 육신이 썩음을 당하지 아니하시리라 하더니 이 예수를 하나님이 살리신지라 우리가 다 이 일에 증인이로다"

5) 예수가 하나님의 아들이라는 확실한 증거는 그가 주와 그리스도가 되셨다는 것이다.

행 2:36 "그런즉 이스라엘 온 집은 확실히 알지니 너희가 십자가에 못 박은 이 예수를 하나님이 주와 그리스도가 되게 하셨느니라 하니라"

그러므로, 그를 믿으면 하나님께서 그것을 의로 여기신다는 사실이다.

그러면 무엇이 한 의인가?

6) 한 의는 믿음의 의다.

롬 3:22 "곧 예수 그리스도를 믿음으로 말미암아 모든 믿는 자에게 미치는 하나님의 의니 차별이 없느니라"

i. 한 의는 믿음의 의라는 결론이다.

롬 3:28 "그러므로 사람이 의롭다 하심을 얻는 것은 율법의 행위에 있지 않고 믿음으로 되는 줄 우리가 인정하노라"

현대인의 성경 롬 3:28 "그러므로 우리는 사람이 율법을 지켜서가 아니라 믿음으로 의롭게 된다는 결론을 내립니다."

공동번역 롬 3:28 "사람은 율법을 지키는 것과는 관계없이 믿음을 통해서 하느님과 올바른 관계를 맺는다고 우리는 확신합니다."

빌 3:9 "그 안에서 발견되려 함이니 내가 가진 의는 율법에서 난 것이 아니요 오직 그리스도를 믿음으로 말미암은 것이니 곧 믿음으로 하나님께로부터 난 의라"

엡 2:8 "너희는 그 은혜에 의하여 믿음으로 말미암아 구원을 받았으니 이것은 너희에게서 난 것이 아니요 하나님의 선물이라"

ii. 한 의는 예수 그리스도의 피다.

롬 3:25~26 "이 예수를 하나님이 그의 피로써 믿음으로 말미암는 화목제물로 세우셨으니 이는 하나님께서 길이 참으시는 중에 전에 지은 죄를 간과하심으로 자기의 의로우심을 나타내려 하심이니 곧 이 때에 자기의 의로우심을 나타내사 자기도 의로우시며 또한 예수 믿는 자를 의롭다 하려 하심이라"

롬 3:24 "그리스도 예수 안에 있는 속량으로 말미암아 하나님의 은혜로 값없이 의롭다 하심을 얻은 자 되었느니라"

엡 1:7 "우리는 그리스도 안에서 그의 은혜의 풍성함을 따라 그의 피로 말미암아 속량 곧 죄 사함을 받았느니라"

현대인의 성경 엡 1:7 "우리는 하나님의 풍성하신 은혜를 따라 그리스도 안에서 그분의 피로 죄 사함을 받고 구원을 얻었습니다."

5. 칭의의 복

1) 죄의 형벌의 면제가 있다.

롬 4:7~8 "불법이 사함을 받고 죄가 가리어짐을 받는 사람들은 복이 있고 주께서 그 죄를 인정하지 아니하실 사람은 복이 있도다 함과 같으니라"

2) 죄의 정죄가 없어진다.

롬 8:1~2 "그러므로 이제 그리스도 예수 안에 있는 자에게는 결코 정죄함이 없나니 이는 그리스도 예수 안에 있는 생명의 성령의 법이 죄와 사망의 법에서 너를 해방하였음이라"

3) 하나님의 사랑에로의 복귀가 있다.

롬 4:6~8 "일한 것이 없이 하나님께 의로 여기심을 받는 사람의 복에 대하여 다윗이 말한 바 불법이 사함을 받고 죄가 가리어짐을 받는 사람들은 복이 있고 주께서 그 죄를 인정하지 아니하실 사람은 복이 있도다 함과 같으니라"

4) 하나님의 유업이 있다.

딛 3:7 "우리로 그의 은혜를 힘입어 의롭다 하심을 얻어 영생의 소망을 따라 상속자가 되게 하려 하심이라"

5) 삶이 의로운 생활로 인도된다.

빌 1:11 "예수 그리스도로 말미암아 의의 열매가 가득하여 하나님의 영광과 찬송이 되기를 원하노라"

6) 장차 올 하나님의 진노에서 구원받을 것을 확신한다.

롬 5:9~10 "그러면 이제 우리가 그의 피로 말미암아 의롭다 하심을 받았으니 더욱 그로 말미암아 진노하심에서 구원을 받을 것이니 곧 우리가 원수 되었을 때에 그의 아들의 죽으심으로 말미암아 하나님과 화목하게 되었은즉 화목하게 된 자로서는 더욱 그의 살아나심으로 말미암아 구원을 받을 것이니라"

7) 죽음의 때에 영화로움을 확신한다.

롬 8:30 "또 미리 정하신 그들을 또한 부르시고 부르신 그들을 또한 의롭다 하시고 의롭다 하신 그들을 또한 영화롭게 하셨느니라"

제3부

거룩해지는 성화*Sanctification*의 원리

　모 목사님의 전도사 인턴 교육 시 강의 내용 중 평생 기억나는 것이 있는데 그것은 목회자는 성직자란 3행시다.

　성(聖)은 거룩해야 한다.
　직(職)은 직업을 가진 자로서 충성을 다해야 한다는 것이다.
　자(者)는 사람이란 것이다.
　그러므로 항상 넘어지기 쉽고 깨어지기 쉽기 때문에 조심해야 한다는 것이다.
　식욕, 성욕, 물욕, 권력욕 그리고 명예욕을 버리고 깨끗해야 쓰임 받는다는 것이다.
　선배 목사님의 말씀을 평생 기도하며 여기까지 달려왔다.

1. 거룩함을 원하시는 하나님

　레 11:45 "나는 너희의 하나님이 되려고 너희를 애굽 땅에서 인도하여 낸 여호와라 내가 거룩하니 너희도 거룩할지어다"

　1) 거룩해지는 것은 예수 그리스도의 피로 거룩해진다.

히 10:10 "이 뜻을 따라 예수 그리스도의 몸을 단번에 드리심으로 말미암아 우리가 거룩함을 얻었노라"

히 13:12 "그러므로 예수도 자기 피로써 백성을 거룩하게 하려고 성문 밖에서 고난을 받으셨느니라"

ⅰ. 예수 그리스도의 피로 영원한 온전을 이루셨다.

히 10:14 "그가 거룩하게 된 자들을 한 번의 제사로 영원히 온전하게 하셨느니라"

공동번역 히 10:14 "그분은 단 한 번 당신 자신을 바치심으로써 거룩하게 만드신 사람들을 영원히 완전하게 해주셨습니다."

거룩해지는 것은 하나님의 말씀과 기도로 거룩해진다.

딤전 4:5 "하나님의 말씀과 기도로 거룩하여짐이라"

NIV2011(1Tm 4:5) because it is consecrated by the word of God and prayer.

2) 거룩해지는 것은 하나님의 말씀으로 거룩해진다.

딤후 3:16~17 "모든 성경은 하나님의 감동으로 된 것으로 교훈과 책망과 바르게 함과 의로 교육하기에 유익하니 이는 하나님의 사람으로 온전하게 하며 모든 선한 일을 행할 능력을 갖추게 하려 함이라"

(1) 초대교회에 금욕주의와 음식물로 인한 이단들이 있었다.

요 17:17 "그들을 진리로 거룩하게 하옵소서 아버지의 말씀은 진리니이다"

당시의 그리스도인들을 미혹하던 이단들은 금욕주의와 음식물로 인한 거룩을 강조한 것이다. 사도 바울은 주의 종 디모데에게 편지하였다.

딤전 4:3 "혼인을 금하고 어떤 음식물은 먹지 말라고 할 터이나 음식물은 하나님이 지으신 바니 믿는 자들과 진리를 아는 자들이 감사함으로 받을 것이니라"

(2) 초대 이방인선교지 교회들의 주의해야 할 음식이 있었다.

행 15:20 "다만 우상의 더러운 것과 음행과 목매어 죽인 것과 피를 멀리하라고 편지하는 것이 옳으니"

고전 10:28 "누가 너희에게 이것이 제물이라 말하거든 알게 한 자와 그 양심을 위하여 먹지 말라"

(3) 구약성서에서 말하는 부정한 음식이 있다.

i. 구약성서에서 말하는 부정한 짐승들은 무엇인가?

레 11:3~8 "모든 짐승 중 굽이 갈라져 쪽발이 되고 새김질하는 것은 너희가 먹되 새김질하는 것이나 굽이 갈라진 짐승 중에도 너희가 먹지 못할 것은 이러하니 낙타는 새김질은 하되 굽이 갈라지지 아니하였으므로 너희에게 부정하고 사반도 새김질은 하되 굽이 갈라지지 아니하였으므로 너희에게 부정하고 토끼도 새김질은 하되 굽이 갈라지지 아니하였으므로 너희에게 부정하고 돼지는 굽이 갈라져 쪽발이로되 새김질을 못하므로 너희에게 부정하니 너희는 이러한 고기를 먹지 말고 그 주검도 만지지 말라 이것들은 너희에게 부정하니라"

ii. 구약성서에서 말하는 부정한 물고기류는 무엇인가?

레 11:10~11 "물에서 움직이는 모든 것과 물에서 사는 모든 것 곧 강과 바다에 있는 것으로서 지느러미와 비늘 없는 모든 것은 너희에게 가증한 것이라 이들은 너희에게 가증한 것이니 너희는 그 고기를 먹지 말고 그 주검을 가증히 여기라"

그 밖에도 부정한 것들을 유대인의 『탈무드』에서 말하고 있다.

"일상적인 식사에도 지켜야 될 계율이 많이 있다. 새우, 오징어, 낙지, 문어, 조개류, 돼지고기를 먹는 것이 금지되어 있으며 랍비가 계율에 따라 처리하지 않는 쇠고기, 양고기, 닭고기도 먹을 수가 없다. 더구나 금하고 있는 음식물이 일단 닿았던 접시에 음식물을 담아 먹는 것도 허용되지 않는다. 따라서 유대인은 유대인이 아닌 사람의 집에서는 식사를 할 수 없게 된다."[3]

3) 거룩해지는 것은 오직 기도로 거룩해진다.

딤전 4:5 "하나님의 말씀과 기도로 거룩하여짐이라"

(1) 예수님이 가르치신 주기도문에서의 거룩은 무슨 뜻인가?

(마 5:9~13)

9절 "그러므로 너희는 이렇게 기도하라 하늘에 계신 우리 아버지여 이름이 거룩히 여김을 받으시오며"

(2) 예수님께서 겟세마네 기도하실 때 제자들에게 간곡히 부탁한

---

3 마빈 토케이어, 『탈무드』, 도서출판 다모아, 1993, p329

기도의 의미는 무엇인가?

마 26:40~41 "제자들에게 오사 그 자는 것을 보시고 베드로에게 말씀하시되 너희가 나와 함께 한 시간도 이렇게 깨어 있을 수 없더냐 시험에 들지 않게 깨어 기도하라 마음에는 원이로되 육신이 약하도다 하시고"

(3) 예수님은 기도로 거룩한 삶을 보이셨다.

ⅰ. 예수님께서 침례를 받으시고 기도하실 때 성령이 임하셨다. (눅 3:21~22)

"백성이 다 침례를 받을 새 예수도 침례를 받으시고 기도하실 때에 하늘이 열리며 성령이 비둘기 같은 형체로 그의 위에 강림하시더니 하늘로부터 소리가 나기를 너는 내 사랑하는 아들이라 내가 너를 기뻐하노라 하시니라" 하나님의 아들 예수가 침례요한의 침례를 받으시고 기도하셨다. 그때 하늘이 열리고 영의 눈이 열려 비둘기 같은 성령의 임재를 보게 되었고 영의 귀가 열려 하나님의 음성을 듣게 되었다.

ⅱ. 예수님께서 40일 금식 기도하셨다. (마 4:2)

ⅲ. 예수님께서 새벽에도 기도하셨다. (막 1:35)

ⅳ. 예수님께서 저녁에도 기도하셨다. (마 14:23)

ⅴ. 예수님께서 12제자를 선택하실 때 철야 기도하셨다.

(눅 6:12~16)

ⅵ. 예수님께서 기도하실 때 영광스러운 모습으로 변화되셨다.
(눅 9:28~32)

ⅶ. 예수님께서 십자가 죽음 앞에서 괴로움을 아뢰며 지나가게 기
도하셨다. (요 12:27~28)

ⅷ. 예수님께서 겟세마네 동산에서 대속의 마지막 복종 기도를 드
리셨다. (마 26:36~39)

ⅺ. 예수님께서 가(십자가)상 7언의 기도를 드리셨다.

Ⓐ 죄용서의 기도를 드리셨다.
눅 23:34 “이에 예수께서 이르시되 아버지 저들을 사하여 주옵소
서 자기들이 하는 것을 알지 못함이니이다 하시더라 그들이 그의 옷
을 나눠 제비 뽑을 새”

Ⓑ 구원의 초청기도를 드리셨다.
눅 23:43 “예수께서 이르시되 내가 진실로 네게 이르노니 오늘 네
가 나와 함께 낙원에 있으리라 하시니라”

Ⓒ 효(孝)심의 기도를 드리셨다.
요 19:26 “예수께서 자기의 어머니와 사랑하시는 제자가 곁에 서
있는 것을 보시고 자기 어머니께 말씀하시되 여자여 보소서 아들이

니이다 하시고"

ⓓ 대속제물의 기도를 드리셨다.

마 27:46 "제구시쯤에 예수께서 크게 소리 질러 이르시되 엘리 엘리 라마 사박다니 하시니 이는 곧 나의 하나님, 나의 하나님, 어찌하여 나를 버리셨나이까 하는 뜻이라"

ⓔ 고통의 기도를 드리셨다.

요 19:28 "그 후에 예수께서 모든 일이 이미 이루어진 줄 아시고 성경을 응하게 하려 하사 이르시되 내가 목마르다 하시니"

ⓕ 선포의 기도를 드리셨다.

요 19:30 "예수께서 신 포도주를 받으신 후에 이르시되 다 이루었다 하시고 머리를 숙이니 영혼이 떠나가시니라"

예수님의 영혼이 먼저 가시고 그다음으로 육체의 목숨이 끊어지셨다.

ⓖ 영혼을 맡기는 기도를 드리셨다.

눅 23:46 "예수께서 큰 소리로 불러 이르시되 아버지 내 영혼을 아버지 손에 부탁하나이다 하고 이 말씀을 하신 후 숨지시니라"

x. 천국에서도 기도하시는 예수님이시다. (롬 8:34, 히 7:24~25)

(4) 나의 기도생활은 어떠한가?

i. 매일 새벽기도를 드린다.

"하나님이 그 성 중에 계시매 성이 흔들리지 아니할 것이라 새벽에 하나님이 도우시리로다"(시 46:5)

오전 3시 50분에 일어나 찬송 3곡 드리고, 성경 1장 읽고, 설교 후 오전 5시 30분까지 기도드린다. 그 후 헬스장에 가 운동하면서 1시간 동안 마무리 기도를 드린다. (health & prayer)

ii. 매일 저녁기도를 드린다.

"아무 것도 염려하지 말고 다만 모든 일에 기도와 간구로, 너희 구할 것을 감사함으로 하나님께 아뢰라 그리하면 모든 지각에 뛰어난 하나님의 평강이 그리스도 예수 안에서 너희 마음과 생각을 지키시리라"(빌 4:6~7)

일과를 마치고 오후 8시부터 1시간 기도드리면서 하루 동안의 염려를 주님께 맡기고 마음의 평안을 얻고 오후 11시까지 성경 읽고 성령님께 잠자는 시간 동안 꿈을 주시라고 기도 후 수면에 들어간다.

"그 후에 내가 내 영을 만민에게 부어 주리니 너희 자녀들이 장래 일을 말할 것이며 너희 늙은이는 꿈을 꾸며 너희 젊은이는 이상을 볼 것이며 그 때에 내가 또 내 영을 남종과 여종에게 부어 줄 것이며"(욜 2:28~29)

iii. 금요 성령기도회를 드린다.

"너는 내게 부르짖으라 내가 네게 응답하겠고 네가 알지 못하는 크고 은밀한 일을 네게 보이리라"(렘 33:3)

시 50:15 "환난 날에 나를 부르라 내가 너를 건지리니 네가 나를 영화롭게 하리로다"

시 81:10 "나는 너를 애굽 땅에서 인도하여 낸 여호와 네 하나님이니 네 입을 크게 열라 내가 채우리라 하였으나"

금요일 오후 8시 40분에 시작하여 오후 10시 40분 끝나고 나라와 민족을 위한 기도로 자유롭게 마감한다.

iv. 매주 토요일 산상기도를 드린다.

"여호와여 내게 응답 하옵소서 내게 응답 하옵소서 이 백성에게 주 여호와는 하나님이신 것과 주는 그들의 마음을 되돌이키심을 알게 하옵소서 하매 이에 여호와의 불이 내려서 번제물과 나무와 돌과 흙을 태우고 또 도랑의 물을 핥은지라"(왕상 18:37~38)

갈멜산에서 기도한 엘리야의 심정으로 한 주간을 마치고 화요일 날 작성된 설교 문을 가지고 리허설*rehearsal*을 마치고 칠보산 정상에 올라가 해가 질 때까지 기도와 찬양을 드린다.

4) 하나님 아버지 사랑의 징계로 거룩해진다.

히 12:10~13 "그들은 잠시 자기의 뜻대로 우리를 징계하였거니와 오직 하나님은 우리의 유익을 위하여 그의 거룩하심에 참여하게 하시느니라 무릇 징계가 당시에는 즐거워 보이지 않고 슬퍼 보이나 후에 그로 말미암아 연단 받은 자들은 의와 평강의 열매를 맺느니라 그러므로 피곤한 손과 연약한 무릎을 일으켜 세우고 너희 발을 위하여 곧은길을 만들어 저는 다리로 하여금 어그러지지 않고 고침을 받게 하라"

　하나님은 자기 자녀들을 사랑함으로 징계하신다. 나에게도 예외는 없었다. 어느 날 자녀의 얼굴에 상처가 나 피를 흘리고 있었다. 의사의 오진으로 성형외과가 아닌 일반 외과에서 얼굴을 꿰매서 후에 상처가 남아있다. 아이 얼굴에 바늘이 들어갈 때 나의 심장에 바늘이 찔리는 따끔한 아픔을 느꼈다. 그것은 나의 죄의 대가였다. 그 후로 나의 좌측 무릎연골 수술을 받기도 하였다. 오늘날도 하나님께서 팔, 다리, 무릎을 손대실 때가 있다.

　히 12:7~8 "너희가 참음은 징계를 받기 위함이라 하나님이 아들과 같이 너희를 대우하시나니 어찌 아버지가 징계하지 않는 아들이 있으리요 징계는 다 받는 것이거늘 너희에게 없으면 사생자요 친아들이 아니니라"

2. 성화(聖化)되는 길

1) 음란

골 3:5 "그러므로 땅에 있는 지체를 죽이라 곧 음란과 부정과 사욕과 악한 정욕과 탐심이니 탐심은 우상 숭배니라"

(1) 제7계명 간음죄가 있다.

출 20:14 "간음하지 말라"

(2) 마음의 간음죄도 있다.

마 5:28~29 "나는 너희에게 이르노니 음욕을 품고 여자를 보는 자마다 마음에 이미 간음하였느니라 만일 네 오른 눈이 너로 실족하게 하거든 빼어 내버리라 네 백체 중 하나가 없어지고 온 몸이 지옥에 던져지지 않는 것이 유익하며"

i. 처음 보는 1단계가 있다.

"새가 내 머리 위를 지나가게는 하더라도 내 머리에 둥지를 틀지 않게 하라!

내가 원하지도 않았는데 머릿속에 저절로 들어오는 악한 생각이 스쳐 지나가는 것까지 막을 수는 없습니다. 그러나 지워버리면 됩니다." ─ 자료 naver 검색

ii. 욕심의 2단계가 있다.

약 1:15 "욕심이 잉태한즉 죄를 낳고 죄가 장성한즉 사망을 낳느니라"

iii. 다시 보는 마음의 간음 3단계가 있다.

유대인의 성(性)에 대한 의식은 지나침을 싫어하고 알맞음을 가르치고 좋아한다. 상당히 진보적인 것 같다.

"유대인은 성을 기독교와 같이 불결하다고 멸시하지는 않는다. 신이 성의 쾌락을 준 이상 나쁜 것일 리가 없다. 그래서 이성을 보고 마음속으로 색정을 품으면 육체가 간음한 것과 같다고 하는 신약성서의 가르침은 유대인과의 전혀 인연이 없는 말이다. 반대로 부부라 할지라도 쾌락이 수반되지 않는 성교(性交)는 해서는 안 된다고 금하고 있다."**4**

Ⓐ 눈의 성결을 지킨 욥의 하나님 경외함은 어떠하였는가?

욥 31:1~2 "내가 내 눈과 약속하였나니 어찌 처녀에게 주목하랴 그리하면 위에 계신 하나님께서 내리시는 분깃이 무엇이겠으며 높은 곳의 전능자께서 주시는 기업이 무엇이겠느냐"

욥은 처녀 보는 것을 주의한 것으로 보인다.

Ⓑ 허탄한 것을 보지 않게 기도하는 시편 기자의 하나님 경외함은 어떠하였는가?

시 119:36~37 "내 마음을 주의 증거들에게 향하게 하시고 탐욕으로 향하지 말게 하소서 내 눈을 돌이켜 허탄한 것을 보지 말게 하시고 주의 길에서 나를 살아나게 하소서"

---

4 마빈 토케이어, 『탈무드』, 도서출판, 다모아, 1993, p331

ⓒ 음심이 가득한 눈을 가진 저주의 자식도 있다.

벧후 2:14 "음심이 가득한 눈을 가지고 범죄 하기를 그치지 아니하고 굳세지 못한 영혼들을 유혹하며 탐욕에 연단된 마음을 가진 자들이니 저주의 자식이라"

현대인의 성경 벧후 2:14 "그들의 눈은 음란으로 가득 차서 끊임없이 죄를 짓습니다. 그들은 믿음이 약한 사람들을 꾀어 욕심을 채우는데 단련된 저주받은 자식들인 것입니다."

ⓓ 첫 사람 아담이 범죄하는 1단계는 안목의 정욕이었다.

요일 2:16 "이는 세상에 있는 모든 것이 육신의 정욕과 안목의 정욕과 이생의 자랑이니 다 아버지께로부터 온 것이 아니요 세상으로부터 온 것이라"

창 3:6 "여자가 그 나무를 본즉 먹음직도 하고 보암직도 하고 지혜롭게 할 만큼 탐스럽기도 한 나무인지라 여자가 그 열매를 따먹고 자기와 함께 있는 남편에게도 주매 그도 먹은지라"

ⅰ. 죄의 결과는 어떻게 되는가?

약 1:15 "욕심이 잉태한즉 죄를 낳고 죄가 장성한즉 사망을 낳느니라"

(3) 예수님께서는 이혼 후 재혼을 어떻게 말씀하셨는가?

마 19:9 "내가 너희에게 말하노니 누구든지 음행한 이유 외에 아내를 버리고 다른 데 장가드는 자는 간음함이니라"

"유대교에서는 이혼을 금지하지 않는다. 바람직하지 못한 일임은 물론이다. 이혼하고 싶은 부부는 랍비와의 상담을 통해 앞으로의 결혼

생활이 원만치 못하리라는 것을 랍비가 인정하면 이혼이 허용된다."[5]

(4) 교회 내 형제간음도 있다.

살전 4:3~8 "하나님의 뜻은 이것이니 너희의 거룩함이라 곧 음란을 버리고 각각 거룩함과 존귀함으로 자기의 아내 대할 줄을 알고 하나님을 모르는 이방인과 같이 색욕을 따르지 말고 이 일에 분수를 넘어서 형제를 해하지 말라 이는 우리가 너희에게 미리 말하고 증언한 것과 같이 이 모든 일에 주께서 신원하여 주심이라 하나님이 우리를 부르심은 부정하게 하심이 아니요 거룩하게 하심이니 그러므로 저버리는 자는 사람을 저버림이 아니요 너희에게 그의 성령을 주신 하나님을 저버림이니라"

고전 5:1 "너희 중에 심지어 음행이 있다 함을 들으니 그런 음행은 이방인 중에서도 없는 것이라 누가 그 아버지의 아내를 취하였다 하는도다"

i. 교회 내 성폭행은 출교다.

고전 5:11~13 "이제 내가 너희에게 쓴 것은 만일 어떤 형제라 일컫는 자가 음행하거나 탐욕을 부리거나 우상 숭배를 하거나 모욕하거나 술 취하거나 속여 빼앗거든 사귀지도 말고 그런 자와는 함께 먹지도 말라 함이라 밖에 있는 사람들을 판단하는 것이야 내게 무슨 상관이 있으리요마는 교회 안에 있는 사람들이야 너희가 판단하지 아니하랴 밖에 있는 사람들은 하나님이 심판하시려니와 이 악한 사람은 너희 중에서 내쫓으라"

---

5 마빈 토케이어, 『탈무드』, 도서출판 다모아, 1993, p147

ⅱ. 사도 바울은 젊은 목회자인 디모데에게 온전히 깨끗함으로 자매를 대하라고 하였다.

딤전 5:2 "늙은 여자에게는 어머니에게 하듯 하며 젊은 여자에게는 온전히 깨끗함으로 자매에게 하듯 하라"

(5) 음행한 자는 최후심판을 받는다.

ⅰ. 영원한 지옥 둘째사망에 떨어진다.

계 21:8 "그러나 두려워하는 자들과 믿지 아니하는 자들과 흉악한 자들과 살인자들과 음행하는 자들과 점술가들과 우상 숭배자들과 거짓말하는 모든 자들은 불과 유황으로 타는 못에 던져지리니 이것이 둘째 사망이라"

ⅱ. 새 하늘과 새 땅에 들어갈 수 없다.

계 22:15 "개들과 점술가들과 음행하는 자들과 살인자들과 우상 숭배자들과 및 거짓말을 좋아하며 지어내는 자는 다 성 밖에 있으리라"

성경에서 왜 육신적인 죄 가운데 첫 번째가 음란죄일까요?

골 3:5 "그러므로 땅에 있는 지체를 죽이라 곧 음란과 부정과 사욕과 악한 정욕과 탐심이니 탐심은 우상 숭배니라"

또 정상적인 사람 중에 여기에 자유로울 수 있는 사람이 몇 명이나 될까요?

예수님께서도 현장에서 간음하다 잡혀온 여자를 돌로 치려던 자들에게 말씀하셨다.

요 8:7~9 "그들이 묻기를 마지아니하는지라 이에 일어나 이르시되 너희 중에 죄 없는 자가 먼저 돌로 치라 하시고 다시 몸을 굽혀 손가락으로 땅에 쓰시니 그들이 이 말씀을 듣고 양심에 가책을 느껴 어른으로 시작하여 젊은이까지 하나씩 하나씩 나가고 오직 예수와 그 가운데 섰는 여자만 남았더라"

행위적인 죄와 마음의 죄까지 지적한다면 안 걸릴 사람이 있을까?

요즘 'Me too movement' 때문에 "목사님, 떨고 있나요?" 기독교의 위상이 말이 아니다.

그런데 성적인 죄는 회개한다고 하루아침에 없어지지 않는다. 그러면 어떻게 해야 죄의 고리를 끊을 수 있을까?

오늘 그 방법을 공개한다.

악마의 진이 많이 무너진다.

오류교회 2017년 다니엘기도회 16일 차 줄리 조 집사의 간증을 보면 다음과 같다.

그는 이혼녀로서 40세에 미국으로 건너가 영어도 잘 못하였는데 하나님께 기도만 하면 "공부를 해라." 하셨다고 한다. 2남매를 부양해야 하는 형편에서 어떻게 공부를 할 수 있겠습니까?라고 생각하였지만 그래도 순종하여 영어회화부터 공부하고 또 공부해서 MBA, 경영학박사학위까지 받고 세계의 석학들이 모이는 뉴욕기업에서 COO(Chief Operating Officer) 최고 경영자가 되었으며 자녀도 말씀과 기도로 키워 큰딸은 의사, 아들은 변호사가 되고 본인의 몸도 26년 동안 B형간염으로 고생하다 2014년 치료받고 2016년 2월 유방암을 선고받았으나 하나님께서 그를 낮추신 다음 깨끗하게 치료해 주셨다. 그 성공한 비결이 무엇일까?

"하나님의 말씀과 기도로 거룩하여짐이라"(딤전 4:5)

당신은 지금 무엇을 하고 있는가?

TV, 인터넷, 스마트폰을 통해 포르노 음란물 중독되었다고 하면 보는 것을 중지하고 혼적 순결이 준비되어야 한다. 뇌의 변연계가 활성화되어 대뇌를 지배함으로 뇌가 바뀌어 버렸다. 지금 당장 줄리조 집사의 간증을 보고 거룩한 삶을 결단하여 온전한 그리스도인이 되기를 바란다. 오늘부터 아니 지금부터 하루만 하면 된다.

"그러므로 내일 일을 위하여 염려하지 말라 내일 일은 내일이 염려할 것이요 한 날의 괴로움은 그 날로 족하니라"(마 6:34)

하루가 30일 지나면 한 달, 하루가 365일 지나면 1년이 된다. 생각을 심으면 말을 거두고, 말을 심으면 행동을 거두고, 행동을 심으면 습관을 거두고, 그리고 습관을 심으면 운명이 바뀐다. 지금 당장 성령님의 도움을 구하고 기도함으로 시작하라. 하나님께서 당신을 도와주신다.

2) 분노

골 3:8 "이제는 너희가 이 모든 것을 벗어 버리라 곧 분함과 노여움과 악의와 비방과 너희 입의 부끄러운 말이라"

나는 화, 분노, 다툼, 싸움, 전쟁을 아주 싫어한다. 나는 초등학교, 중학교까지는 그림을 그리는 사람이었다. 고등학교 때도 출품하면 상을 받았다. 그래서 시끄러운 것을 싫어한다.

내가 이렇게 화를 깊이 다루는 것은 동기가 있다. 우리 고향은 강 씨들과 이 씨들이 씨족사회로 약 70호가 살았는데 우리 밑의 집은 3

대가 사는데도 싸우는 법이 없이 조용하고 웃음소리가 나는 집이었다. 그런데 우리 집은 부친께서 약주도 드시고 소리치시고 야단치시고 싸우기도 잘하셔서 학교에 가면 참 집에 가고 싶지 않았다. 그래서 늘 부러운 것이 소리치지 않고 행복하게 사는 것이었다. 부친 임종 시 예루살렘 성지순례를 취소하고 어려운 길을 갔지만 막상 한마디도 나오지 않았다. 돌아가신 후 꿈을 꾸었는데 개신교 목사로서 연옥 설을 믿지 않지만, 그곳에 줄이 쭉 서있는데 우리 부친이 계셨다.

그 후 교구에 발령받아 가보면 항상 싸우는 사람들이 있었다. 싸우는 사람들을 잘 알기 때문에 십자가를 지고 지혜롭게 말씀과 기도로 잘 처리하고 부흥을 이루었다.

그래서 나의 목회는 교회에서는 절대로 싸워서는 안 된다는 지론이 있다.

교회에서는 기도 소리, 성경 읽는 소리, 찬송 소리, 웃음 소리가 밖으로 나가야 부흥한다고 말한다. 그래서 아직까지 한번도 다른 소리가 난 적이 없다. 교회 오면 기도해야지 다른 사람과 잡담하지 않는다.

"만일 안식일에 네 발을 금하여 내 성일에 오락을 행하지 아니하고 안식일을 일컬어 즐거운 날이라, 여호와의 성일을 존귀한 날이라 하여 이를 존귀하게 여기고 네 길로 행하지 아니하며 네 오락을 구하지 아니하며 사사로운 말을 하지 아니하면"(사 58:13)

나는 분노를 내는 사람들을 많이 보았다.

야! 그리스도인이 이래서야 되겠는가?

인간에게 두 번째로 참기 어려운 것이 분노인 것 같다.

"인간은 이성의 동물 이전에 감정의 동물이다. 감정의 순화처럼 소중한 것이 없다. 우리는 희망, 기쁨, 감사, 자신감, 만족, 평화, 경건, 행복 등의 고급 감정 속에서 생활해야 한다. 불안, 시기, 질투, 공포, 좌절감, 열등감, 저주, 분노 등의 저급감정의 노예가 되지 않아야 한다. 부단한 정신적 수양이 필요하다."[6]

화병을 한의학에서는 울화병(鬱火炳) 대상은 여성(특히 주부), 40세 이상 중장년층, 사회적 약자에게 많이 나타나는데 가정이나 직장에서 스트레스를 반복적으로 받아 참아서 발생한다. 증상은 가슴 답답함, 치밀어 오름, 얼굴의 열감(화끈거림), 명치에 뭔가 걸린 느낌의 신체적 고통을 호소한다.

서양 정신의학에서는 간헐적 폭발장애(분노조절장애)라고 하는데 분노 표출형 화병이다. 화병이 무서운 것은 공격성이 폭발적으로 나타나며 사람을 폭행하거나, 물건을 부수는 등 파괴적 행동으로 이어진다는 것이다. 또한 습관적인 분노, 학습된 분노로 나타난다. 강동 경희대병원 한방신경정신과 김종우 교수는 "분노를 표출하면 불가능한 일이 없다는 것을 일찍이 경험한 사람들은 문제 해결을 위해 분노를 습관적으로 터뜨리게 된다." 그러나 분노 표출은 혈압상승과 과잉행동이 나타나 몸의 건강과 관계에 치명적인 손해를 감수해야 한다.

그 해결방안은?

i. 화를 참는 기술이 필요하다.
"분노의 정점에 도달하는 시간은 15초 걸리며 그 가운데 3초가 분노와 짜증을 증폭할지 잠재울지 결정하는 시간"이다.

<hr>

6 안병욱, 『삶의 길목에서』, 자유문학사, 1982, p52

ii. 분노의 현장에서 벗어나는 것이 좋다.

10분간 심호흡하기(날숨을 길게), 20분간 차 마시기, 30분간 걷기(숲 속 길)

iii. 잦은 분노로 인간관계가 곤란한 분, 쉽게 열이 오르는 증상은 전문가의 도움을 받아야 한다. 정신도 육체와 같이 치료받아야 한다. (2018. 5. 22, 《국민일보》, 14면 참조)

(1) 분노의 죄가 있다.

잠 29:22 "노하는 자는 다툼을 일으키고 성내는 자는 범죄 함이 많으니라"

(2) 분노는 하나님의 의를 이루지 못한다.

약 1:20 "사람이 성내는 것이 하나님의 의를 이루지 못함이라"

(3) 이스라엘의 지도자 모세도 분노가 있었다.

i. 모세가 물이 없어 원망하는 백성과 다투었다.

출 17:1~2 "이스라엘 자손의 온 회중이 여호와의 명령대로 신 광야에서 떠나 그 노정대로 행하여 르비딤에 장막을 쳤으나 백성이 마실 물이 없는지라 백성이 모세와 다투어 이르되 우리에게 물을 주어 마시게 하라 모세가 그들에게 이르되 너희가 어찌하여 나와 다투느냐 너희가 어찌하여 여호와를 시험하느냐"

ii. 모세의 므리바 사건은 무엇인가?

출 17:7 "그가 그 곳 이름을 맛사 또는 므리바라 불렀으니 이는 이스라엘 자손이 다투었음이요 또는 그들이 여호와를 시험하여 이르기를 여호와께서 우리 중에 계신가 안 계신가 하였음이더라”

딤전 3:3 “술을 즐기지 아니하며 구타하지 아니하며 오직 관용하며 다투지 아니하며 돈을 사랑하지 아니하며”(감독의 자격)

iii. 모세의 분노 결과는 어떠하였는가?

신 32:51~52 “이는 너희가 신 광야 가데스의 므리바 물가에서 이스라엘 자손 중 내게 범죄 하여 내 거룩함을 이스라엘 자손 중에서 나타내지 아니한 까닭이라 네가 비록 내가 이스라엘 자손에게 주는 땅을 맞은편에서 바라보기는 하려니와 그리로 들어가지는 못하리라 하시니라”

(4) 아담의 맏아들 가인의 분노는 어떠하였는가?

i. 여호와께서 아벨과 그의 제물은 받으셨으나 가인과 그의 제물은 받지 아니함으로 분노를 냈다.

창 4:1~5 “아담이 그의 아내 하와와 동침하매 하와가 임신하여 가인을 낳고 이르되 내가 여호와로 말미암아 득남하였다 하니라 그가 또 가인의 아우 아벨을 낳았는데 아벨은 양 치는 자였고 가인은 농사하는 자였더라 세월이 지난 후에 가인은 땅의 소산으로 제물을 삼아 여호와께 드렸고 아벨은 자기도 양의 첫 새끼와 그 기름으로 드렸더니 여호와께서 아벨과 그의 제물은 받으셨으나 가인과 그의 제물은 받지 아니하신지라 가인이 몹시 분하여 안색이 변하니”

ii. 가인에게 하나님께서 하신 말씀은 무엇인가?

창 4:6~7 “여호와께서 가인에게 이르시되 네가 분하여 함은 어찌

됨이며 안색이 변함은 어찌 됨이냐 네가 선을 행하면 어찌 낯을 들지 못하겠느냐 선을 행하지 아니하면 죄가 문에 엎드려 있느니라 죄가 너를 원하나 너는 죄를 다스릴지니라"

iii. 인류 최초의 살인을 범하는 죄인이 되었다.

창 4:8 "가인이 그의 아우 아벨에게 말하고 그들이 들에 있을 때에 가인이 그의 아우 아벨을 쳐죽이니라"

iv. 가인에게 하나님의 심판이 있었다.

Ⓐ 땅의 저주가 임하였다.

창 4:11 "땅이 그 입을 벌려 네 손에서부터 네 아우의 피를 받았은즉 네가 땅에서 저주를 받으리니"

Ⓑ 그는 유리하는 자가 되었다.

창 4:12 "네가 밭을 갈아도 땅이 다시는 그 효력을 네게 주지 아니할 것이요 너는 땅에서 피하며 유리하는 자가 되리라"

v. 가인은 무엇을 회개하였는가?

창 4:13~14 "가인이 여호와께 아뢰되 내 죄벌이 지기가 너무 무거우니이다 주께서 오늘 이 지면에서 나를 쫓아내시온즉 내가 주의 낯을 뵈옵지 못하리니 내가 땅에서 피하며 유리하는 자가 될지라 무릇 나를 만나는 자마다 나를 죽이겠나이다"

vi. 가인을 향한 하나님의 긍휼하심이 있었다.

창 4:15 "여호와께서 그에게 이르시되 그렇지 아니하다 가인을 죽이는 자는 벌을 칠 배나 받으리라 하시고 가인에게 표를 주사 그를 만나는 모든 사람에게서 죽임을 면하게 하시니라"

(4) 분노 다스리는 법은 무엇인가?

ⅰ. 해지기 전 반드시 회개 기도하여야 한다.
엡 4:26~27 "분을 내어도 죄를 짓지 말며 해가 지도록 분을 품지 말고 마귀에게 틈을 주지 말라"

당신은 지금 화가 나는가?
나는 화를 안 내려고 하는데 왜 화가 나는 것일까?
개척교회목사인 나는 토요일 날 아주 민감하다. 토요일 날 설교준비, 주일준비 심적으로 바쁘다. 그런데 어쩔 수 없이 예배가 잡힌 날은 가야 한다. 오늘은 서울에서 89세 되신 장모님 생신예배를 처가 가족들과 함께 드리고 호텔에서 맛있는 뷔페식사도 하고 기분이 좋은 상태였다. 서울 사당동에서 수원대학교 가는 좌석버스가 두 대 있었는데 우리 교회 앞으로 가는 것이 하나 있고 후에 알았지만 봉담으로 가는 것이 하나 더 있었다. 그런데 나는 봉담으로 가는 버스를 잘못 탔다. 과천, 의왕 간 고속도로를 달리다가 서수원을 거처 호매실동을 한 바퀴 돈 다음 다시 고속도로로 나가 봉담 신도시를 한 바퀴 돌아서 수원대 입구에 하차할 때 벌써 화가 나 씩씩거리며 분이 나있는 나를 보면서 절망에 떨어졌다. 애굽에서 출애굽 한 이스라엘 백성들이 가데스 바네아에서 가나안땅 정탐 후 부정적인 보고를 함으로써 하나님의 진노로 광야 40년을 다시 돌게 되어 불평하는 모든 사람들이 죽고 가나안땅에 입성하지 못하였다. 나도 역시

가나안땅에 분노로 들어가지 못하게 되겠구나 생각하였다.

"누구든지 온 율법을 지키다가 그 하나를 범하면 모두 범한 자가 되나니 간음하지 말라 하신 이가 또한 살인하지 말라 하셨은즉 네가 비록 간음하지 아니하여도 살인하면 율법을 범한 자가 되느니라"(약 2:10)

철저히 잘못을 고백하며 회개 기도를 드렸다.
"분을 내어도 죄를 짓지 말며 해가 지도록 분을 품지 말고 마귀에게 틈을 주지 말라"(엡 4:26~27)

그 밤에 맏아들에게 이 이야기를 하였더니 아들은 대학4년 동안 호매실동을 한 바퀴씩 돌았다는 것이다. 그때 영어 단어 외우고 이 시골까지 좌석버스가 한 번에 올 수 있는 것을 하나님께 감사드렸다는 것이다. 야! 그러면 화성시장님에게 민원을 넣어서 코스를 조정해야 되지 않겠느냐?라고 말하였다. 말은 그렇게 하였지만 나는 아들 앞에서 너는 나보다 낫다! 이 분노는 2018년 온전한 그리스도인 교육 후 첫 번째다.

화내는 횟수가 점점 줄어들고 있다. 그리고 화를 낼 수도 없다. 왜냐하면 온전한 그리스도인이 화내세요!라고 하기 때문이다.

ii. 두레공동체 운동본부대표 김진홍 목사님은 분노도 결국은 믿음의 문제라고 하였다.

"여호와께서 모세와 아론에게 이르시되 너희가 나를 믿지 아니하고 이스라엘 자손의 목전에서 내 거룩함을 나타내지 아니한 고로 너희는 이 회중을 내가 그들에게 준 땅으로 인도하여 들이지 못하리라

하시니라"(민 20:12)

모세가 하나님의 거룩함을 나타내지 않는 것은 그의 혈기만의 문제가 아니라 하나님에 대한 신뢰가 부족하였기 때문이라고 하나님께서 지적하신다.

3) 말(言)

골 3:8~9 "이제는 너희가 이 모든 것을 벗어 버리라 곧 분함과 노여움과 악의와 비방과 너희 입의 부끄러운 말이라 너희가 서로 거짓말을 하지 말라 옛 사람과 그 행위를 벗어 버리고 새 사람을 입었으니 이는 자기를 창조하신 이의 형상을 따라 지식에까지 새롭게 하심을 입은 자니라"

기독학자, 철학자인 숭실대 명예교수인 안병욱 교수는 "말이 사람이다. 우리는 말을 통해서 자기를 표현한다. 말은 그 사람의 인격의 표현이다. 참된 사람은 참된 말을 하고 거짓된 사람은 거짓말을 한다. 그 사람을 알려면 그 사람의 말씀을 들어보라. 말씀 속에 사람이 있다. 말은 인물의 척도다. 말의 깊이는 사람의 깊이를 나타낸다."라고 말했다.

(1) 맛있는 말(친절하고, 유익한말)을 하여야 한다.

골 4:6 "너희 말을 항상 은혜 가운데서 소금으로 맛을 냄과 같이 하라 그리하면 각 사람에게 마땅히 대답할 것을 알리라"

공동번역 골 4:6 "여러분은 언제나 친절하게 유익한 말을 하고, 묻는 사람에게는 누구에게나 적절한 대답을 할 줄 알아야 합니다."

(2) 이사야 선지자는 입술의 성령의 불 침례를 받았다.

사 6:5~7 "그 때에 내가 말하되 화로다 나여 망하게 되었도다 나는 입술이 부정한 사람이요 나는 입술이 부정한 백성 중에 거주하면서 만군의 여호와이신 왕을 뵈었음이로다 하였더라 그 때에 그 스랍 중의 하나가 부젓가락으로 제단에서 집은 바 핀 숯을 손에 가지고 내게로 날아와서 그것을 내 입술에 대며 이르되 보라 이것이 네 입에 닿았으니 네 악이 제하여졌고 네 죄가 사하여졌느니라 하더라"

 i 육의 몸을 벗는 그리스도의 할례를 받아야 한다.

골 2:11~12 "또 그 안에서 너희가 손으로 하지 아니한 할례를 받았으니 곧 육의 몸을 벗는 것이요 그리스도의 할례니라 너희가 침례로 그리스도와 함께 장사되고 또 죽은 자들 가운데서 그를 일으키신 하나님의 역사를 믿음으로 말미암아 그 안에서 함께 일으키심을 받았느니라"

 ii. 마음에 할례를 받아야 한다.

롬 2:29 "오직 이면적 유대인이 유대인이며 할례는 마음에 할지니 영에 있고 율법 조문에 있지 아니한 것이라 그 칭찬이 사람에게서가 아니요 나만 하나님에게서니라"

 iii. 입술의 할례 받아야 한다.

엡 5:3~4 "음행과 온갖 더러운 것과 탐욕은 너희 중에서 그 이름조차도 부르지 말라 이는 성도에게 마땅한 바니라 누추함과 어리석은 말이나 희롱의 말이 마땅치 아니하니 오히려 감사하는 말을 하라"

모든 그리스도인은 거짓말과 구습의 욕설, 저주와 더러운 말을 버리고 사람을 살리는 생명의 언어를 사용해야 한다.

(3) 온전한 사람의 척도는 역시 말이다.

약 3:2 "우리가 다 실수가 많으니 만일 말에 실수가 없는 자라면 곧 온전한 사람이라 능히 온 몸도 굴레 씌우리라"

4) 성품(性品)

골 3:12~14 "그러므로 너희는 하나님이 택하사 거룩하고 사랑 받는 자처럼 긍휼과 자비와 겸손과 온유와 오래 참음을 옷 입고 누가 누구에게 불만이 있거든 서로 용납하여 피차 용서하되 주께서 너희를 용서하신 것 같이 너희도 그리하고 이 모든 것 위에 사랑을 더하라 이는 온전하게 매는 띠니라"

약 1:26 "누구든지 스스로 경건하다 생각하며 자기 혀를 재갈 물리지 아니하고 자기 마음을 속이면 이 사람의 경건은 헛것이라"(品은 ㅁㅁㅁ)

성품은 타고난 기질이지만 좋은 사람을 본받고 배우고 노력하므로 생성되기도 한다. 잘못된 옛 성품을 과감히 벗어 버리고 새로운 그리스도의 온전한 성품을 입어야 한다. 이 성품을 가지고 우리의 부활의 날까지 살아야 하기 때문이다.

(1) 긍휼의 마음을 가져야 한다.

i. 예수님께서 중풍병자의 죄를 용서하시는 긍휼의 마음을 가지셨다.

마 9:1~8 "예수께서 배에 오르사 건너가 본 동네에 이르시니 침상에 누운 중풍병자를 사람들이 데리고 오거늘 예수께서 그들의 믿음을 보시고 중풍병자에게 이르시되 작은 자야 안심하라 네 죄 사함을 받았느니라 어떤 서기관들이 속으로 이르되 이 사람이 신성을 모독하도다 예수께서 그 생각을 아시고 이르시되 너희가 어찌하여 마음에 악한 생각을 하느냐 네 죄 사함을 받았느니라 하는 말과 일어나 걸어가라 하는 말 중에 어느 것이 쉽겠느냐 그러나 인자가 세상에서 죄를 사하는 권능이 있는 줄을 너희로 알게 하려 하노라 하시고 중풍병자에게 말씀하시되 일어나 네 침상을 가지고 집으로 가라 하시니 그가 일어나 집으로 돌아가거늘 무리가 보고 두려워하며 이런 권능을 사람에게 주신 하나님께 영광을 돌리니라"

ii. 다윗 왕이 성(性) 범죄 후 긍휼을 구하는 기도를 드렸다.

시 51:1 [다윗의 시, 인도자를 따라 부르는 노래, 다윗이 밧세바와 동침한 후 선지자 나단이 그에게 왔을 때]

"하나님이여 주의 인자를 따라 내게 은혜를 베푸시며 주의 많은 긍휼을 따라 내 죄악을 지워 주소서"

(2) 자비

i. 자비를 베푼 사마리아 인 이야기는 무엇인가?

눅 10:30~37 "예수께서 대답하여 이르시되 어떤 사람이 에루살렘에서 여리고로 내려가다가 강도를 만나매 강도들이 그 옷을 벗기고 때려 거의 죽은 것을 버리고 갔더라 마침 한 제사장이 그 길로 내려가다가 그를 보고 피하여 지나가고 또 이와 같이 한 레위인도 그 곳에 이르러 그를 보고 피하여 지나가되 어떤 사마리아 사람은 여행하는 중 거기 이르러 그를 보고 불쌍히 여겨 가까이 가서 기름과 포도주를 그 상처에 붓고 싸매고 자기 짐승에 태워 주막으로 데리고 가서 돌보아 주니라 그 이튿날 그가 주막 주인에게 데나리온 둘을 내어 주며 이르되 이 사람을 돌보아 주라 비용이 더 들면 내가 돌아올 때에 갚으리라 하였으니 네 생각에는 이 세 사람 중에 누가 강도 만난 자의 이웃이 되겠느냐 이르되 자비를 베푼 자니이다 예수께서 이르시되 가서 너도 이와 같이 하라 하시니라"

(3) 겸손

빌 2:3 "아무 일에든지 다툼이나 허영으로 하지 말고 오직 겸손한 마음으로 각각 자기보다 남을 낮게 여기고"

i. 예수님은 손수 제자들의 발을 씻기셨다.

요 13:13~15 "너희가 나를 선생이라 또는 주라 하니 너희 말이 옳도다 내가 그러하다 내가 주와 또는 선생이 되어 너희 발을 씻었으니 너희도 서로 발을 씻어 주는 것이 옳으니라 내가 너희에게 행한 것 같이 너희도 행하게 하려 하여 본을 보였노라"

ii. 예수님은 예루살렘 입성 시 나귀 새끼를 타고 나타나셨다.

막 11:7 "나귀 새끼를 예수께로 끌고 와서 자기들의 겉옷을 그 위에 얹어 놓으매 예수께서 타시니"

(4) 온유

마 11:29 "나는 마음이 온유하고 겸손하니 나의 멍에를 메고 내게 배우라 그리하면 너희 마음이 쉼을 얻으리니"

(5) 오래 참음

히 12:2 "믿음의 주요 또 온전하게 하시는 이인 예수를 바라보자 그는 그 앞에 있는 기쁨을 위하여 십자가를 참으사 부끄러움을 개의치 아니하시더니 하나님 보좌 우편에 앉으셨느니라"

i. 예수님의 십자가 사형장에서 지나가는 자들이 십자가에서 내려오라고 소리쳤다.

마 27:39 "지나가는 자들은 자기 머리를 흔들며 예수를 모욕하여 이르되 성전을 헐고 사흘에 짓는 자여 네가 만일 하나님의 아들이어든 자기를 구원하고 십자가에서 내려오라 하며"

ii. 예수님에게 이스라엘 대제사장들, 서기관들, 장로들이 십자가에서 내려올지어다 소리쳤다.

마 27:41~42 "그와 같이 대제사장들도 서기관들과 장로들과 함께 희롱하여 이르되 그가 남은 구원하였으되 자기는 구원할 수 없도다 그가 이스라엘의 왕이로다 지금 십자가에서 내려올지어다 그리하면 우리가 믿겠노라"

iii. 예수님에게 함께 십자가에 못 박힌 강도들도 십자가에서 내려올지어다 소리쳤다.

마 27:44 "함께 십자가에 못 박힌 강도들도 이와 같이 욕하더라"

iv. 사도 바울의 사도의 표도 모든 참음이라 하였다.

고후 12:12 "사도의 표가 된 것은 내가 너희 가운데서 모든 참음과 표적과 기사와 능력을 행한 것이라"

(6) 사랑

ⅰ. 예수 그리스도의 강령(가장 큰 계명)은 무엇인가?

마 22:37~40 "예수께서 이르시되 네 마음을 다하고 목숨을 다하고 뜻을 다하여 주 너의 하나님을 사랑하라 하셨으니 이것이 크고 첫째 되는 계명이요 둘째도 그와 같으니 네 이웃을 네 자신 같이 사랑하라 하셨으니 이 두 계명이 온 율법과 선지자의 강령이니라"

ⅱ. 예수의 새 계명은 무엇인가?

요 13:34 "새 계명을 너희에게 주노니 서로 사랑하라 내가 너희를 사랑한 것 같이 너희도 서로 사랑하라"

ⅲ. 사랑은 율법의 완성이다.

롬 13:10 "사랑은 이웃에게 악을 행하지 아니하나니 그러므로 사랑은 율법의 완성이니라"

ⅳ. 사랑은 최고의 법이다.

약 2:8 "너희가 만일 성경에 기록된 대로 네 이웃 사랑하기를 네 몸과 같이 하라 하신 최고의 법을 지키면 잘하는 것이거니와"

ⅴ. 사도 바울의 고린도전서 13장의 15가지 사랑의 정의는 무엇인가?(고전 13:4~7)

Ⓐ 사랑은 오래 참고

Ⓑ 사랑은 온유하며

Ⓒ 시기하지 아니하며

약 3:14~16 "그러나 너희 마음 속에 독한 시기와 다툼이 있으면 자랑하지 말라 진리를 거슬러 거짓말하지 말라 이러한 지혜는 위로부터 내려온 것이 아니요 땅 위의 것이요 정욕의 것이요 귀신의 것이니 시기와 다툼이 있는 곳에는 혼란과 모든 악한 일이 있음이라"

Ⓓ 사랑은 자랑하지 아니하며

가. 사람을 자랑하지 말라고 하셨다.

고전 3:21~23 "그런즉 누구든지 사람을 자랑하지 말라 만물이 다 너희 것임이라 바울이나 아볼로나 게바나 세계나 생명이나 사망이나 지금 것이나 장래 것이나 다 너희의 것이요 너희는 그리스도의 것이요 그리스도는 하나님의 것이니라"

나. 주 안에서 자랑하라고 하셨다.

고전 1:31 "기록된바 자랑하는 자는 주 안에서 자랑하라 함과 같게 하려 함이라"

다. 약한 것을 자랑하라고 하셨다.

고후 11:30 "내가 부득불 자랑할진대 내가 약한 것을 자랑하리라"

Ⓔ 교만하지 아니하며

Ⓕ 무례히 행하지 아니하며
현대인의 성경 고전 13:5 "사랑은 버릇없이 행동하지 않고 이기적이거나 성내지 않으며 악한 것을 생각하지 않습니다."
잠 12:18 "칼로 찌름 같이 함부로 말하는 자가 있거니와 지혜로운 자의 혀는 양약과 같으니라"

Ⓖ 자기의 유익을 구하지 아니하며

Ⓗ 성내지 아니하며

Ⓘ 악한 것을 생각하지 아니하며

Ⓙ 불의를 기뻐하지 아니하며

Ⓚ 진리와 함께 기뻐하고

Ⓛ 모든 것을 참으며

Ⓜ 모든 것을 믿으며

Ⓝ 모든 것을 바라며
Ⓞ 모든 것을 견디느니라

고전 13:13 "그런즉 믿음, 소망, 사랑, 이 세 가지는 항상 있을 것인데 그 중의 제일은 사랑이라"

vi. 성령의 9가지 열매 중 첫 번째는 사랑이다.

갈 5:22~23 "오직 성령의 열매는 사랑과 희락과 화평과 오래 참음과 자비와 양선과 충성과 온유와 절제니 이 같은 것을 금지할 법이 없느니라"

vii. 사도 베드로가 말한 그리스도인의 신성한 성품 8가지 중 Top은 사랑이다.

벧후 1:5~7 "그러므로 너희가 더욱 힘써 너희 믿음에 덕을 덕에 지식을 지식에 절제를 절제에 인내를 인내에 경건을 경건에 형제 우애를 형제 우애에 사랑을 더하라"

viii. 사랑은 허다한 죄를 덮는다.

벧전 4:8 "무엇보다도 뜨겁게 서로 사랑할지니 사랑은 허다한 죄를 덮느니라"

잠 10:12 "미움은 다툼을 일으켜도 사랑은 모든 허물을 가리느니라"

잠 17:9 "허물을 덮어 주는 자는 사랑을 구하는 자요 그것을 거듭 말하는 자는 친한 벗을 이간하는 자니라"

현대인의 성경 잠 17:9 "허물을 덮어 주는 사람은 사랑을 추구하는 자이며 그것을 거듭 말하는 사람은 친한 친구를 이간하는 자이다"

ix. 하나님은 사랑이시다.

요일 4:8 "사랑하지 아니하는 자는 하나님을 알지 못하나니 이는 하나님은 사랑이심이라"

5) 얼굴
골 3:4 "우리 생명이신 그리스도께서 나타나실 그 때에 너희도 그와 함께 영광중에 나타나리라"

미국의 제16대 대통령 아브라함 링컨은 자기 보좌관에게 "사람이 40세 이후에는 자기 얼굴에 책임을 져야 한다."라고 말하였다고 한다. 그 말은 외모보다도 그의 인격과 쌓아온 업적 등이 중요하다 말할 수 있겠지만 살아있는 눈빛 속의 선함, 진실함, 성실성 등 성품이 얼굴에 나타나야 함을 말하지 않을까? 생각한다.

(1) 모세의 얼굴은 광채가 났다.
출 34:29~35 "모세가 그 증거의 두 판을 모세의 손에 들고 시내 산에서 내려오니 그 산에서 내려올 때에 모세는 자기가 여호와와 말하였음으로 말미암아 얼굴 피부에 광채가 나나 깨닫지 못하였더라 아론과 온 이스라엘 자손이 모세를 볼 때에 모세의 얼굴 피부에 광채가 남을 보고 그에게 가까이 하기를 두려워하더니 모세가 그들을 부르매 아론과 회중의 모든 어른이 모세에게로 오고 모세가 그들과 말하니 그 후에야 온 이스라엘 자손이 가까이 오는지라 모세가 여호와께서 시내 산에서 자기에게 이르신 말씀을 다 그들에게 명령하고 모세가 그들에게 말하기를 마치고 수건으로 자기 얼굴을 가렸더라 그러나 모세가 여호와 앞에 들어가서 함께 말할 때에는 나오기까지 수건을 벗고 있다가 나와서는 그 명령하신 일을 이스라엘 자손에게 전하며 이스라엘 자손이 모세의 얼굴의 광채를 보므로 모세가 여호와께 말하러 들어가기까지 다시 수건으로 자기 얼굴을 가렸더라"

(2) 돌에 맞아 죽은 스데반 집사의 순교 시 얼굴은 천사의 얼굴과 같았다.

행 6:15 "공회 중에 앉은 사람들이 다 스데반을 주목하여 보니 그 얼굴이 천사의 얼굴과 같더라"

(3) 변화산에서 예수의 얼굴은 해같이 빛났다.

마 17:2 "그들 앞에서 변형되사 그 얼굴이 해 같이 빛나며 옷이 빛과 같이 희어졌더라"

(4) 사도 요한이 유배지 밧모 섬에서 본 예수의 얼굴은 해가 힘 있게 비치는 것 같았다.

계 1:16 "그의 오른손에 일곱별이 있고 그의 입에서 좌우에 날선 검이 나오고 그 얼굴은 해가 힘 있게 비치는 것 같더라"

(5) 마음의 즐거움은 얼굴을 빛나게 한다.

잠 15:13 "마음의 즐거움은 얼굴을 빛나게 하여도 마음의 근심은 심령을 상하게 하느니라"

(6) 웃는 얼굴은 하나님의 뜻이다.

살전 5:16~18 "항상 기뻐하라

17 쉬지 말고 기도하라

18 범사에 감사하라 이것이 그리스도 예수 안에서 너희를 향하신 하나님의 뜻이니라"

신바람건강법은 고(故) 황수관 박사님께서 강의 중에 말씀하신 것으로 사람의 몸은 계속해서 새로워진다는 것이다. 피, 근육은 4개월에 한 번씩, 뼈는 2년에 한 번씩, 몸은 3년에 한 번씩, 그리고 얼굴은 4년에 한 번씩 바뀐다는 것이다. 자! 이~ 해봅시다. (하! 하! 하!)

6) 평강, 감사, 찬양의 마음

(1) 우리 마음에 항상 평강이 있어야 한다.
골 3:15 "그리스도의 평강이 너희 마음을 주장하게 하라"
롬 8:6 "육신의 생각은 사망이요 영의 생각은 생명과 평안이니라"
빌 4:9 "너희는 내게 배우고 받고 듣고 본 바를 행하라 그리하면 평강의 하나님이 너희와 함께 계시리라"

(2) 우리 마음에 항상 감사가 있어야 한다.
골 3:17 "또 무엇을 하든지 말에나 일에나 다 주 예수의 이름으로 하고 그를 힘입어 하나님 아버지께 감사하라"
골 2:6~7 "그러므로 너희가 그리스도 예수를 주로 받았으니 그 안에서 행하되 그 안에 뿌리를 박으며 세움을 받아 교훈을 받은 대로 믿음에 굳게 서서 감사함을 넘치게 하라"
공동번역 골 2:6~7 "여러분은 그리스도 예수를 주님으로 받아들였으니 그분을 모시고 살아가십시오. 그리고 여러분은 그리스도에 대한 믿음에 뿌리를 박고 그 터 위에 굳건히 서서, 가르침을 받은 대로 믿음을 더욱 견고히 하여 넘치는 감사를 하느님께 드리십시오."

ⅰ. 입술과 마음의 감사가 있어야 한다.

골 3:17 "또 무엇을 하든지 말에나 일에나 다 주 예수의 이름으로 하고 그를 힘입어 하나님 아버지께 감사하라"

엡 5:20 "범사에 우리 주 예수 그리스도의 이름으로 항상 아버지 하나님께 감사하며"

ⅱ. 물질적 헌신의 감사가 있어야 한다.

빌 4:18 "내게는 모든 것이 있고 또 풍부한지라 에바브로 디도 편에 너희가 준 것을 받으므로 내가 풍족하니 이는 받으실 만한 향기로운 제물이요 하나님을 기쁘시게 한 것이라"

사도 바울이 로마 감옥에 있을 때에 빌립보교인들은 에바브로 디도 편에 선교헌금을 드렸고, 마게도냐에서 떠날 때도 드렸고

"빌립보 사람들아 너희도 알거니와 복음의 시초에 내가 마게도냐를 떠날 때에 주고 받는 내 일에 참여한 교회가 너희 외에 아무도 없었느니라"(빌 4:15)

데살로니가에서 두 번씩이나 드렸다.

"데살로니가에 있을 때에도 너희가 한 번뿐 아니라 두 번이나 나의 쓸 것을 보내었도다"(빌4:16)

시 50:23 "감사로 제사를 드리는 자가 나를 영화롭게 하나니 그의 행위를 옳게 하는 자에게 내가 하나님의 구원을 보이리라"

공동번역 시 50:23 "감사하는 마음을 제물로 바치는 자, 나를 높이 받드는 자이니, 올바르게 사는 자에게 내가 하느님의 구원을 보여주리라."

iii. 십일조 감사가 있어야 한다.

말 3:10 "만군의 여호와가 이르노라 너희의 온전한 십일조를 창고에 들여 나의 집에 양식이 있게 하고 그것으로 나를 시험하여 내가 하늘 문을 열고 너희에게 복을 쌓을 곳이 없도록 붓지 아니하나 보라"

공동번역 말 3:10 "너희는 열의 하나를 바칠 때, 조금도 덜지 말고 성전 곳간에 가져다 넣어 내 집 양식으로 쓰게 하여라. 그렇게 바치고 나서 내가 하늘 창고의 문을 열고 갚아주는지 갚아주지 않는지 두고 보아라. 만군의 야훼가 말한다."

십일조 감사는 기념 책에 기록이 된다.

말 3:16 "그 때에 여호와를 경외하는 자들이 피차에 말하매 여호와께서 그것을 분명히 들으시고 여호와를 경외하는 자와 그 이름을 존중히 여기는 자를 위하여 여호와 앞에 있는 기념 책에 기록 하셨느니라"

Ⓐ 백 보좌 심판 때에 심판받는다.

계 20:12 "또 내가 보니 죽은 자들이 큰 자나 작은 자나 그 보좌 앞에 서 있는데 책들이 펴 있고 또 다른 책이 펴졌으니 곧 생명책이라 죽은 자들이 자기 행위를 따라 책들에 기록된 대로 심판을 받으니"

Ⓑ 십일조 감사는 의인과 하나님 섬기는 자를 분별한다.

말 3:18 "그 때에 너희가 돌아와서 의인과 악인을 분별하고 하나님을 섬기는 자와 섬기지 아니하는 자를 분별하리라"

ⓒ 예수님께서 십일조에 대해 말씀하셨다.

마 23:23 "화 있을진저 외식하는 서기관들과 바리새인들이여 너희가 박하와 회향과 근채의 십일조는 드리되 율법의 더 중한 바 정의와 긍휼과 믿음은 버렸도다 그러나 이것도 행하고 저것도 버리지 말아야 할지니라"

(3) 끝으로, 우리 마음에 항상 하나님께 영광 돌리는 찬양이 있어야 한다.

골 3:16 "그리스도의 말씀이 너희 속에 풍성히 거하여 모든 지혜로 피차 가르치며 권면하고 시와 찬송과 신령한 노래를 부르며 감사하는 마음으로 하나님을 찬양하고"

엡 5:19 "시와 찬송과 신령한 노래들로 서로 화답하며 너희의 마음으로 주께 노래하며 찬송하며"

다음은 나의 하나님을 찬미하며 적은 자작시(詩)이다.

도심 속의 삶

붕!
지나가는 자동차의
매연 나의 코를 막고
호흡을 일시 정지케 해

삼복더위에 굳게 닫힌
아파트 창문들
에어콘 실외기 통의
요란한 모터(motor) 소리

지나가는 행인들
스마트폰(smart phone) 들고
귀에는 이어폰(earphone) 끼우고
누구와 대화하는가

매주마다 분리수거 날
물병, 음료수병, 고추장통, 된장통
시장 갔던 아주머니 비닐 팩
아! 어쩌나 비닐 팩에 갇히면

밤이면 상가들
따가운 간판 조명
가정마다 과도한 불빛
창문 가림막을 내려

아! 농부의 자식
군대에서는 하늘만 보이는 땅
야! 밤하늘 별들의 향연
하느님이 부으시는 소낙비

― 2018. 7. 28(토) 소나기가 내린 날 여름

목사의 토요일 오후

목사의 토요일 오후는
시골 장사꾼 장날 전과 같은 날

목사의 토요일 오후는
경기를 앞둔 선수들과 같은 날

목사의 토요일 오후는
대입 수능고사 전의 학생들 마음

그래도 화를 내면
므리바의 모세
가나안의 꿈이 좌절
"전쟁은 여호와께 속한 것인즉"7

목사의 토요일 오후는
광야의 외치는 침례요한처럼
"낙타털 옷을 입고
허리에 가죽 띠를 띠고
음식은 메뚜기와 석청"8

---

7 삼상 17:47
8 마 3:4

생의 차가움

날씨가 쌀쌀하다.

어느덧 늦가을
심적 고통이 있다.

육을 입은 인생
인간의 정(情)이 필요해
좌우를 살펴보아도
아무도 없구나….

어머니는 하늘나라에 가셨고
형제들은 멀리 떠나있고

고독에 지친 몸

넓은 하늘처럼
두 팔 벌리신 주님께
위로를 받네

— 2004. 10. 14(목)

꽃이므로

화려하지 못한 곳
연분홍빛 진달래 꽃이 시선을 멈추게 해
그것은 그가 꽃이기 때문이야

무관심한 곳
길가에 노란 개나리꽃이 시선을 멈추게 해
그것은 그가 꽃이기 때문이야

새하얀 새털 같은 매화꽃이 춘풍(春風)에 흔들리며
시선을 멈추게 해
그것은 그가 꽃이기 때문이야

꽃에 빼앗긴 나의 마음
어떤 꽃으로
언제나 피어날 것인가

— 2005. 4. 11(월) 한세대 교정에서

무욕(無慾)

물안개 피어오르는
구름 사이에 떠오르는 햇살

황금빛 남한강물이
급류에 흐르는 폭우 뒤의 아침

청둥오리 세 가족의
평화로운 식사시간

이 내 몸도 강물처럼 흐르고 싶다.
무욕의 자연처럼

— 2010. 9. 23 추석 아침 산책 중

잠자리

초복 지난 칠월
새 잠자리가
나뭇가지에 앉아 있다.

머리를 두리번거리다가
장마철 젖은 몸 말리는 것인지
쉬는 것인지

갑자기 목표물을 향해
나는 모습은
너무 날카로워

머지 않아
하늘 높이 비상하고
날겠지

잠자리
너는 지금
쉬고 있느냐

— 2011. 7. 16 칠보산 중턱에서

자연의 하모니

산정상의 평상에 앉아있으니
바람 소리
새 소리
이름 모를 노란 새
바람 타고 나는 너의 모습이
아름다워

매미 소리
찌르레기 소리
다양한 풀벌레 소리

소리가 하모니를 이루네
하나님을 찬양한다고

능선 넘어 멀리 보이는
십자가

하나님의 세미한 음성
내 너를 사랑한다
내가 너와 함께한다

— 2011. 8. 13 비 머금은 오후에

고향

고향은
바다의 향이 나는 곳

길가마다 아른거리는 추억
앙상하게 자란 풀 가득 매운
앞마당
뛰놀던 동무들 사라진 고향

모정(母情)의 향취도 가슴에 묻어둔 채
형제들이 모여 공간의 아픔을 안고
서로를 의지하며 솔향의 향취를
회상하는 고향

소시적 객지로 떠나는
아들에게 어이 가라
손 흔드시던 모습을 뒤로 한 채
하나님을 섬기는 처, 자 식구가 늘어
힘찬 걸음 내딛게 하는 고향

— 2011. 7 휴가 중인 아들과 함께

자연인이 제2부. 죄에서 의롭게 되는 원리와 제3부. 거룩해지는 성화의 원리를 공부하고 행하였을 때 제4부. 삶이 행복해지는 원리의 문이 열려 이제부터 그리스도 안에서 행복한 삶을 누리게 된다.

제4부

삶이 행복해지는 원리

1. 인간관계의 회복

1) 부부관계가 회복된다.

골 3:18~19 "아내들아 남편에게 복종하라 이는 주 안에서 마땅하니라 남편들아 아내를 사랑하며 괴롭게 하지 말라"

(1) 사도 바울은 부부 관계를 복종과 사랑의 관계라고 하였다.

엡 5:22~25 "아내들이여 자기 남편에게 복종하기를 주께 하듯 하라 이는 남편이 아내의 머리됨이 그리스도께서 교회의 머리됨과 같음이니 그가 바로 몸의 구주시니라 그러므로 교회가 그리스도에게 하듯 아내들도 범사에 자기 남편에게 복종할지니라 남편들아 아내 사랑하기를 그리스도께서 교회를 사랑하시고 그 교회를 위하여 자신을 주심 같이 하라"

ⅰ. 아내는 남편에게 복종하라고 하였다.

22절 "아내들이여 자기 남편에게 복종하기를 주께 하듯 하라"

왜 남편에게 복종해야 하는가?

창 3:16 "또 여자에게 이르시되 내가 네게 임신하는 고통을 크게 더하리니 네가 수고하고 자식을 낳을 것이며 너는 남편을 원하고 남편은 너를 다스릴 것이니라 하시고”

딤전 2:11~14 “여자는 일체 순종함으로 조용히 배우라 여자가 가르치는 것과 남자를 주관하는 것을 허락하지 아니하노니 오직 조용할지니라 이는 아담이 먼저 지음을 받고 하와가 그 후며 아담이 속은 것이 아니고 여자가 속아 죄에 빠졌음이라”

ii. 남편은 아내를 사랑하라고 하였다.

25절 “남편들아 아내 사랑하기를 그리스도께서 교회를 사랑하시고 그 교회를 위하여 자신을 주심 같이 하라”

엡 5:28 “이와 같이 남편들도 자기 아내 사랑하기를 자기 자신과 같이 할지니 자기 아내를 사랑하는 자는 자기를 사랑하는 것이라”

창 2:23 “아담이 이르되 이는 내 뼈 중의 뼈요 살 중의 살이라 이것을 남자에게서 취하였은즉 여자라 부르리라 하니라”

독신이었던 사도 바울의 결혼관은 무엇인가?

고전 7:8~9 “내가 결혼하지 아니한 자들과 과부들에게 이르노니 나와 같이 그냥 지내는 것이 좋으니라 만일 절제할 수 없거든 결혼하라 정욕이 불 같이 타는 것보다 결혼하는 것이 나으니라”

iii. 동거는 부부의 공동 의무이며 서로가 성적 요구 시 응해야 한다.

단, 분방 시는 합의를 얻어야 한다.

고전 7:3~5 “남편은 그 아내에 대한 의무를 다하고 아내도 그 남편에게 그렇게 할지라 아내는 자기 몸을 주장하지 못하고 오직 그 남편이 하며 남편도 그와 같이 자기 몸을 주장하지 못하고 오직 그 아내가 하나니 서로 분방하지 말라 다만 기도할 틈을 얻기 위하여 합의상 얼마 동안은 하되 다시 합하라 이는 너희가 절제 못함으로 말미암아 사탄이 너희를 시험하지 못하게 하려 함이라”

결혼의 정의는 무엇인가?

창 2:24~25 “이러므로 남자가 부모를 떠나 그의 아내와 합하여 둘이 한 몸을 이룰지로다 아담과 그의 아내 두 사람이 벌거벗었으나 부끄러워하지 아니하니라”

음행은 자기 몸에 죄를 범하는 것이다. (육적 순결)

고전 6:16~20 “창녀와 합하는 자는 그와 한 몸인 줄을 알지 못하느냐 일렀으되 둘이 한 육체가 된다 하셨나니 주와 합하는 자는 한 영이니라 음행을 피하라 사람이 범하는 죄마다 몸 밖에 있거니와 음행하는 자는 자기 몸에 죄를 범하느니라 너희 몸은 너희가 하나님께로부터 받은바 너희 가운데 계신 성령의 전인 줄을 알지 못하느냐 너희는 너희 자신의 것이 아니라 값으로 산 것이 되었으니 그런즉 너희 몸으로 하나님께 영광을 돌리라”

(2) 사도 베드로는 부부 관계를 순종과 사랑의 관계라고 하였다.

벧전 3:1~7 “아내들아 이와 같이 자기 남편에게 순종하라 이는 혹 말씀을 순종하지 않는 자라도 말로 말미암지 않고 그 아내의 행실로 말미암아 구원을 받게 하려 함이니 너희의 두려워하며 정결한 행실을 봄이라 너희의 단장은 머리를 꾸미고 금을 차고 아름다운 옷을 입는 외모로 하지 말고 오직 마음에 숨은 사람을 온유하고 안정한 심령의 썩지 아니할 것으로 하라 이는 하나님 앞에 값진 것이니라 전에 하나님께 소망을 두었던 거룩한 부녀들도 이와 같이 자기 남편에게 순종함으로 자기를 단장하였나니 사라가 아브라함을 주라 칭하여 순종한 것 같이 너희는 선을 행하고 아무 두려운 일에도 놀라지 아니하면 그의 딸이 된 것이니라 남편들아 이와 같이 지식을 따라 너희 아내와 동거하고 그를 더 연약한 그릇이요 또 생명의 은혜를 함께 이어받을 자로 알아 귀히 여기라 이는 너희 기도가 막히지 아니하게 하려 함이라"

i. 아내는 남편에게 복종하라고 하였다.

6절 "사라가 아브라함을 주라 칭하여 순종한 것 같이 너희는 선을 행하고 아무 두려운 일에도 놀라지 아니하면 그의 딸이 된 것이니라"

ii. 남편은 아내를 사랑(동거)하고 연약한 그릇으로 알아 귀히 여기라고 하였다.

7절 "남편들아 이와 같이 지식을 따라 너희 아내와 동거하고 그를 더 연약한 그릇이요 또 생명의 은혜를 함께 이어받을 자로 알아 귀히 여기라 이는 너희 기도가 막히지 아니하게 하려 함이라 또는 그 아내를 더 연약한 그릇 같이 여겨 지식을 따라 동거하고"

사도 베드로는 결혼한 기혼자였다.

고전 9:5 "우리가 다른 사도들과 주의 형제들과 게바와 같이 믿음의 자매 된 아내를 데리고 다닐 권리가 없겠느냐"

아내의 기도 손

당신은
욱하는 것 때문에
안 된다 한 님

하나님의 일 시작하니
자식 걱정일까
먹고 살 걱정일까

밤잠 못 자고
기도하는 모습 보니
가슴이 저민다.

육이 죽고 가는 나라
하나님의 나라

욕심 죽고 가는 나라
하나님의 나라

믿음으로 가는 나라
하나님의 나라

그래도 가야 하는 나라
하나님의 나라

— 2011. 9. 28(수) 03:30

2) 부자 관계

골 3:20~21 "자녀들아 모든 일에 부모에게 순종하라 이는 주 안에서 기쁘게 하는 것이니라 아비들아 너희 자녀를 노엽게 하지 말지니 낙심할까 함이라"

(1) 제5계명 네 부모를 공경하라고 하였다.

출 20:12 "네 부모를 공경하라 그리하면 네 하나님 여호와가 네게 준 땅에서 네 생명이 길리라"

(2) 부자간은 순종과 사랑의 관계이다.

엡 6:1~4 "자녀들아 주 안에서 너희 부모에게 순종하라 이것이 옳으니라 네 아버지와 어머니를 공경하라 이것은 약속이 있는 첫 계명이니 이로써 네가 잘되고 땅에서 장수하리라 또 아비들아 너희 자녀를 노엽게 하지 말고 오직 주의 교훈과 훈계로 양육하라"

자녀는 자기 부모에게 순종하라고 하였다.

1절 "자녀들아 주 안에서 너희 부모에게 순종하라 이것이 옳으니라"

자녀는 자기 부모에게 왜 순종해야 하는가?

ⅰ. 예수님은 하나님 아버지 뜻에 100% 순종하였다.

눅 22:42 "이르시되 아버지여 만일 아버지의 뜻이거든 이 잔을 내게서 옮기시옵소서 그러나 내 원대로 마시옵고 아버지의 원대로 되기를 원하나이다 하시니"

ii. 예수님은 십자가에 죽기까지 하나님 아버지 뜻에 복종하셨다.

빌 2:5~8 "너희 안에 이 마음을 품으라 곧 그리스도 예수의 마음이니 그는 근본 하나님의 본체시나 하나님과 동등 됨을 취할 것으로 여기지 아니하시고 오히려 자기를 비워 종의 형체를 가지사 사람들과 같이 되셨고 사람의 모양으로 나타나사 자기를 낮추시고 죽기까지 복종하셨으니 곧 십자가에 죽으심이라"

예수는 하나님 아버지의 뜻에 따라 복종하여 십자가에 못 박혀 처절한 죽음을 당하셨고 후에 영광스러움으로 부활하셔서 만인의 구주가 되셨다.

나의 어머니

운동회에 같이 갔으면
좋을 나의 어머니

소풍에도 같이 갔으면
좋을 나의 어머니

졸업식장에도 같이 갔으면
좋을 나의 어머니

육남매 키우시느라 주름진 얼굴
굳은 손, 손 베개로 주무시는 곤한 모습

새벽 찬 공기
밥 짓는 냉 갈의 따가움이 어머니를 가리운다.

일평생 흙과 한 외길
눈물과 흥 얼 타령은 그의 유일한 낙(樂)

굽은 허리에 호미 들고
뒷동산 밭 김매러 가시 네

부뚜막과 마당에
정화 수 떠 놓고 빌던 그분

동네 예배당에 가서
허리가 펴졌다고 기뻐하시던 어머니

천국 가시고 안 계시니
못내 효도하지 못한 이 몸
아쉬움이 눈앞을 가리네

— 1988. 12. 9(금) 02:37 군 제대 후 신학 3년

부모는 자기 자녀를 화나게 하지 말고 하나님 말씀으로 양육하라고 하셨다.

4절 "또 아비들아 너희 자녀를 노엽게 하지 말고 오직 주의 교훈과 훈계로 양육하라"

현대인의 성경(4절)

"부모들은 자녀의 감정을 건드려 화나게 하지 말고 주님의 훈계와 가르침으로 잘 기르십시오."

"영국의 철학자 C. P. 스노우는 유대인은 천부적으로 지능지수가 높다고 말하였지만 나는 그의 말을 믿지 않는다. 유대인은 어려서부터 교육이라는 문화에 둘러싸여 성장한다. 아이가 세 살이 되면 『토라』와 『탈무드』 공부를 하게 된다."[9]

『토라』는 구약성서 모세오경(창, 출, 레, 민, 신)을 말하며 『탈무드』는 '위대한 연구'란 뜻의 말로서 유대 랍비(선생)들이 쓴 지혜서로서 유대인 정신세계를 만들고 있다. 그리고 안식일을 지킴으로 회당에서 『토라』를 읽는다.

예수님께서도 고향에 가서 회당에서 성경을 읽으셨다.

"예수께서 그 자라나신 곳 나사렛에 이르사 안식일에 늘 하시던 대로 회당에 들어 가사 성경을 읽으려고 서시매 선지자 이사야의 글을 드리거늘 책을 펴서 이렇게 기록된 데를 찾으시니 곧 주의 성령이 내게 임하셨으니 이는 가난한 자에게 복음을 전하게 하시려고 내게 기름을 부으시고 나를 보내 사 포로 된 자에게 자유를, 눈 먼 자에게 다시 보게 함을 전파하며 눌린 자를 자유롭게 하고 주의 은혜의 해

---

9 마빈 토케이어, 『탈무드』, 도서출판 다모아, 1993, p245~250

를 전파하게 하려 하심이라 하였더라"(눅 4:16~19)

　그리고 가정에 와서 부모와 자녀가 한 주일 동안 학교 교육을 어떻게 하였는지를 묻고 복습함과 테스트를 하게 된다. 질문에 만족하지 못해도 아버지는 화를 내거나 소리를 지르지 않는다. 아버지는 부드럽게 다음 주에 크게 기대해 보겠다는 뜻을 표명한다는 것이다. 한국의 아버지와 좀 다르지 않은가? 이들은 안식일이 휴일이지만 술을 마시거나, 라디오를 듣거나 TV를 보지 않는다.
　"만일 안식일에 네 발을 금하여 내 성일에 오락을 행하지 아니하고 안식일을 일컬어 즐거운 날이라, 여호와의 성일을 존귀한 날이라 하여 이를 존귀하게 여기고 네 길로 행하지 아니하며 네 오락을 구하지 아니하며 사사로운 말을 하지 아니하면 네가 여호와 안에서 즐거움을 얻을 것이라 내가 너를 땅의 높은 곳에 올리고 네 조상 야곱의 기업으로 기르리라 여호와의 입의 말씀이니라"(사 58:13~14)

　가족끼리 담소를 계속하거나, 산보를 하거나, 가까운 친구를 찾거나, 나이가 들수록 독서를 많이 하는 지성적인 휴일을 보낸다는 것이다.
　고대 유대 철학자들의 말을 아라비아어를 히브리어로 번역한 이븐 티븐은 책에 대해 이렇게 말하였다.

책이 그대의 친구가 되게 하여라.
책을 그대의 동반자로 삼아라.
책장을 그대의 낙원으로 삼으며
과수원이 되게 하여라.
낙원에서 즐기라.

그리고 향기롭고 좋은 과일을 모아라.
거기에서 꺾은 장미로 그대를 장식하여라.
후추의 열매를 따라.
뜰에서 뜰로 옮겨 아름다운 경치를 바꾸어 가며 보아라.
그리하면
그대의 희망은 늘 신선하며
그대의 혼에는 기쁨이 타오를 것이다.
14세기의 저명한 철학자 임마누엘은
"그대의 돈을 책을 사는 데 써라. 그 대신에 황금과 지성을 얻을
것이다."

밤의 찬미

밤은 아름답다.
햇살에 비친 좁은 공간

수수한 복장의 우리 님
두 송아지 같은 아드님

전등불이 비추는 밤이 되니
더 아름다워

가족애의 웃음과 사랑만이
볼 수 있어서

— 1995. 10. 14(토)

3) 주종관계

골 3:22~25 "종들아 모든 일에 육신의 상전들에게 순종하되 사람을 기쁘게 하는 자와 같이 눈가림만 하지 말고 오직 주를 두려워하여 성실한 마음으로 하라 무슨 일을 하든지 마음을 다하여 주께 하듯 하고 사람에게 하듯 하지 말라 이는 기업의 상을 주께 받을 줄 아나니 너희는 주 그리스도를 섬기느니라 불의를 행하는 자는 불의의 보응을 받으리니 주는 사람을 외모로 취하심이 없느니라"

(1) 자기 상전에게 순종하라고 하셨다.

22절 "종들아 모든 일에 육신의 상전들에게 순종하되 사람을 기쁘게 하는 자와 같이 눈가림만 하지 말고 오직 주를 두려워하여 성실한 마음으로 하라"

엡 6:5~8 "종들아 두려워하고 떨며 성실한 마음으로 육체의 상전에게 순종하기를 그리스도께 하듯 하라 눈가림만 하여 사람을 기쁘게 하는 자처럼 하지 말고 그리스도의 종들처럼 마음으로 하나님의 뜻을 행하고 기쁜 마음으로 섬기기를 주께 하듯 하고 사람들에게 하듯 하지 말라 이는 각 사람이 무슨 선을 행하든지 종이나 자유인이나 주께로부터 그대로 받을 줄을 앎이라"

"질서란 무엇이냐? 모든 사물이 저마다 제 자리에 있는 것이다. 자기가 마땅히 있어야 할 자리에 있을 때 질서의 덕이 실현된다. 질서는 하나의 선이다. 제 자리를 알고 제 자리를 지켜라. 이것은 인간의 사회생활의 기본원칙의 하나다. 사물이 제 자리에서 이탈할 때 혼돈과 무질서의 악이 생긴다. 질서의 감각, 질서의 준수는 건전한 사회생활의 필수요건이다. 질서는 존재의 제일법칙이다."**10**

물론 과거의 노예제도나 조선 시대 양반, 상놈 제도가 있는 것은 아니다. 지금 사회는 창의력과 신상품 개발시대에 최대한 개인적 인권을 존중하고 팀웍*teamwork*을 승패를 좌우하는 요건으로 생각하기 때문에 양성평등 및 상하관계가 자유로운 편이다. 탈무드에서도 이렇게 말하고 있다.

"유대인은 앞에서 말한 것처럼 이 세상에서 처음으로 민주주의를 실현한 민족이다. 이스라엘에 가보면 알 수 있는 일이지만 유대 사회는 철저한 평등주의 사회이다. 고대 유대 사회에서부터 이 평등주의는 존재하고 있었다. 그래서 평등하게 교육을 받는 것이다."**11**

부부는 평등하지만 하나님의 말씀이므로 아내는 남편에게 순종하듯 직장에서도 인간은 평등하지만 하나님 말씀이므로 직장 상사에게 순종하는 것이 옳다고 본다.

(2) 상전은 공의로운 리더십을 발휘하라고 하였다.

골 4:1 "상전들아 의와 공평을 종들에게 베풀지니 너희에게도 하늘에 상전이 계심을 알지어다"

i. 상전은 종들을 폭행하지 마라고 하셨다.

엡 6:9 "상전들아 너희도 그들에게 이와 같이 하고 위협을 그치라 이는 그들과 너희의 상전이 하늘에 계시고 그에게는 사람을 외모로 취하는 일이 없는 줄 너희가 앎이라"

현대인의 성경 9절) "마찬가지로 주인들도 종들을 그렇게 대하고

---

10 안병욱, 『삶의 길목에서』, 자유문학사, 1982, p138
11 마빈 토케이어, 『탈무드』, 도서출판 다모아, 1993, p323

옥박 지르지 마십시오. 여러분과 종들의 주인 되시는 분이 하늘에 계신다는 것과 그분은 사람의 겉모양을 보지 않으신다는 것을 알아야 합니다."

2. 기도와 전도의 회복

1) 기도를 계속한다.
골 4:2 "기도를 계속하고 기도에 감사함으로 깨어 있으라"

에바브라 디도의 기도 생활은 어떠하였는가?
골 4:12 "그리스도 예수의 종인 너희에게서 온 에바브라가 너희에게 문안하느니라 그가 항상 너희를 위하여 애써 기도하여 너희로 하나님의 모든 뜻 가운데서 완전하고 확신 있게 서기를 구하나니"

2) 기도하면 성령 충만케 된다.
행 1:8 "오직 성령이 너희에게 임하시면 너희가 권능을 받고 예루살렘과 온 유대와 사마리아와 땅 끝까지 이르러 내 증인이 되리라 하시니라"

(1) 성령침례의 언약은 무엇인가?

ⅰ. 침례요한의 예언
마 3:11 "나는 너희로 회개하게 하기 위하여 물로 침례를 베풀거니와 내 뒤에 오시는 이는 나보다 능력이 많으시니 나는 그의 신을 들기도 감당하지 못하겠노라 그는 성령과 불로 너희에게 침례를 베푸실 것이요"

ⅱ. 예수님의 예언
눅 24:49 "볼지어다 내가 내 아버지께서 약속하신 것을 너희에게 보내리니 너희는 위로부터 능력으로 입혀질 때까지 이 성에 머물라 하시니라"

행 1:5 "요한은 물로 침례를 베풀었으나 너희는 몇 날이 못되어 성령으로 침례를 받으리라 하셨느니라"

(2) 오순절 날 약속하신 최초의 성령 강림 사건이 일어났다.
(행 2:1~4)

ⅰ. 예수의 제자 120명이 한곳에 모여 10일 동안 기도할 때 성령이 강림하셨다.
1절 "오순절 날이 이미 이르매 그들이 다같이 한 곳에 모였더니"

ⅱ. 급하고 강한 바람 같은 소리가 났다.
2절 "홀연히 하늘로부터 급하고 강한 바람 같은 소리가 있어 그들이 앉은 온 집에 가득하며"

ⅲ. 불의 혀처럼 갈라지는 것들이 각 사람 위에 하나씩 임하셨다.
3절 "마치 불의 혀처럼 갈라지는 것들이 그들에게 보여 각 사람 위에 하나씩 임하여 있더니"

ⅳ. 성령이 말하게 하심을 따라 다른 언어들로 말하기 시작하였다.
4절 "그들이 다 성령의 충만함을 받고 성령이 말하게 하심을 따라 다른 언어들로 말하기를 시작하니라"

(3) 행 8장 사마리아 빌립의 전도 시 베드로와 요한의 안수로 성령

이 임하셨다.

행 8:14~17 "예루살렘에 있는 사도들이 사마리아도 하나님의 말씀을 받았다 함을 듣고 베드로와 요한을 보내매 그들이 내려가서 그들을 위하여 성령 받기를 기도하니 이는 아직 한 사람에게도 성령 내리신 일이 없고 오직 주 예수의 이름으로 침례만 받을 뿐이더라 이에 두 사도가 그들에게 안수하매 성령을 받는지라"

i. 시몬은 예수 믿고 침례 받은 자였으며 표적과 큰 능력을 본 자였다.

행 8:13 "시몬도 믿고 침례를 받은 후에 전심으로 빌립을 따라다니며 그 나타나는 표적과 큰 능력을 보고 놀라니라"

ii. 시몬이 돈을 드려 굳이 사려고 하였던 것이 무엇일까요?

행 8:18~19 "시몬이 사도들의 안수로 성령 받는 것을 보고 돈을 드려 이르되 이 권능을 내게도 주어 누구든지 내가 안수하는 사람은 성령을 받게 하여 주소서 하니"

iii. 저주받은 시몬의 죄는 무엇일까요?

행 8:20 "베드로가 이르되 네가 하나님의 선물을 돈 주고 살 줄로 생각하였으니 네 은과 네가 함께 망할지어다"

(4) 행 10장 고넬료 가정에 임한 성령침례로 방언을 말하였다.

행 10:44 "베드로가 이 말을 할 때에 성령이 말씀 듣는 모든 사람에게 내려오시니 베드로와 함께 온 할례 받은 신자들이 이방인들에게도 성령 부어 주심으로 말미암아 놀라니 이는 방언을 말하며 하나님 높임을 들음이러라"

(5) 행 19장 에베소교회에 임하신 성령 침례 사건은 어떠하였는가?(행19:1~7)

i. 사도 바울의 에베소교회에 첫 번째 질문은 무엇인가?
1~2절 "아볼로가 고린도에 있을 때에 바울이 윗지방으로 다녀 에베소에 와서 어떤 제자들을 만나 이르되 너희가 믿을 때에 성령을 받았느냐 이르되 아니라 우리는 성령이 계심도 듣지 못하였노라"

ii. 사도 바울의 두 번째 질문은 무엇인가?
3~4절 "바울이 이르되 그러면 너희가 무슨 침례를 받았느냐 대답하되 요한의 침례니라 바울이 이르되 요한이 회개의 침례를 베풀며 백성에게 말하되 내 뒤에 오시는 이를 믿으라 하였으니 이는 곧 예수라 하거늘"

iii. 사도 바울의 안수례로 12명이 성령 침례 받았다.
5~7절 "그들이 듣고 주 예수의 이름으로 침례를 받으니 바울이 그들에게 안수하매 성령이 그들에게 임하시므로 방언도 하고 예언도 하니 모두 열두 사람쯤 되니라"

3) 사도행전 2장, (8장), 10장, 19장에 나타난 방언은 무엇인가?
고전 14:2 "방언을 말하는 자는 사람에게 하지 아니하고 하나님께 하나니 이는 알아듣는 자가 없고 영으로 비밀을 말함이라"

ⅰ. 방언은 하나님께 하는 말이다.

ⅱ. 방언은 알아듣는 자가 없다.

ⅲ. 방언은 영으로 비밀을 말하는 것이다.
행 1:4 "그들이 다 성령의 충만함을 받고 성령이 말하게 하심을 따라 다른 언어들로 말하기를 시작 하니라"

(1) 방언의 유익은 무엇인가?

ⅰ. 방언을 말하는 자는 자기의 덕(德)을 세운다.
고전 14:4 "방언을 말하는 자는 자기의 덕을 세우고 예언하는 자는 교회의 덕을 세우나니"

ⅱ. 방언은 더 깊은 기도에 도움을 주며 하나님을 높이게 된다.
고전 14:15 "그러면 어떻게 할까 내가 영으로 기도하고 또 마음으로 기도하며 내가 영으로 찬송하고 또 마음으로 찬송하리라"

ⅲ. 방언은 성도에게 마음의 안식과 상쾌함을 준다.
사 28:11~12 "그러므로 더듬는 입술과 다른 방언으로 그가 이 백성에게 말씀하시리라 전에 그들에게 이르시기를 이것이 너희 안식이요 이것이 너희 상쾌함이니 너희는 곤비한 자에게 안식을 주라 하셨으나 그들이 듣지 아니하였으므로"

ⅳ. 방언은 생수의 강 같은 참 생명과 큰 기쁨을 준다.

요 7:37~39 "명절 끝날 곧 큰 날에 예수께서 서서 외쳐 이르시되 누구든지 목마르거든 내게로 와서 마시라 나를 믿는 자는 성경에 이름과 같이 그 배에서 생수의 강이 흘러나오리라 하시니 이는 그를 믿는 자들이 받을 성령을 가리켜 말씀하신 것이라(예수께서 아직 영광을 받지 않으셨으므로 성령이 아직 그들에게 계시지 아니하시더라)"

(2) 성령세례의 표적인 방언을 어떻게 받을 수 있는가?

ⅰ. 약속을 붙잡고 간절히 사모하고 기다려야 주신다.

행 1:4~5 "사도와 함께 모이사 그들에게 분부하여 이르시되 예루살렘을 떠나지 말고 내게서 들은 바 아버지께서 약속하신 것을 기다리라 요한은 물로 침례를 베풀었으나 너희는 몇 날이 못되어 성령으로 침례를 받으리라 하셨느니라"

ⅱ. 모인 무리들이 마음을 같이하여 오로지 기도에 전념할 때 주신다.

행 1:14 "여자들과 예수의 어머니 마리아와 예수의 아우들과 더불어 마음을 같이하여 오로지 기도에 힘쓰더라"

오순절 날 임한 성령의 특징은 무엇인가?

행 2:1~4 "오순절 날이 이미 이르매 그들이 다같이 한 곳에 모였더니 홀연히 하늘로부터 급하고 강한 바람 같은 소리가 있어 그들이 앉은 온 집에 가득하며 마치 불의 혀처럼 갈라지는 것들이 그들에게 보여 각 사람 위에 하나씩 임하여 있더니 그들이 다 성령의 충만함을 받고 성령이 말하게 하심을 따라 다른 언어들로 말하기를 시작하니라"

Ⓐ 급하고 강한 바람 같은 소리로 영적인 귀가 열렸다.

Ⓑ 불의 혀처럼 갈라지는 것들이 각 사람 위에 하나씩 임하여 있더니 영적인 눈이 열렸다.

Ⓒ 성령이 말하게 하심을 따라 다른 언어들로 말하기를 시작하므로 복음전파의 입이 열렸다.
행 2:11 "그레데인과 아라비아인들이라 우리가 다 우리의 각 언어로 하나님의 큰 일을 말함을 듣는도다 하고"

Ⓓ 새 술에 취한 자처럼 담대함과 영적인 황홀한 상태였다.
행 2:13 "또 어떤 이들은 조롱하여 이르되 그들이 새 술에 취하였다 하더라"

엘가나 제사장의 아내였던 한나가 자식이 없어 간절히 기도할 때 엘리 제사장이 볼 때 술에 취한 것처럼 보였다.
삼상 1:12~15 "그가 여호와 앞에 오래 기도하는 동안에 엘리가 그의 입을 주목한즉 한나가 속으로 말하매 입술만 움직이고 음성은 들리지 아니하므로 엘리는 그가 취한 줄로 생각한지라 엘리가 그에게 이르되 네가 언제까지 취하여 있겠느냐 포도주를 끊으라 하니 한나가 대답하여 이르되 내 주여 그렇지 아니하니이다 나는 마음이 슬픈 여자라 포도주나 독주를 마신 것이 아니요 여호와 앞에 내 심정을 통한 것뿐이오니"

iii. 죄를 회개할 때 성령을 부어 주신다.

행 2:38 "베드로가 이르되 너희가 회개하여 각각 예수 그리스도의 이름으로 침례를 받고 죄 사함을 받으라 그리하면 성령의 선물을 받으리니"

요 20:22~23 "이 말씀을 하시고 그들을 향하사 숨을 내쉬며 이르시되 성령을 받으라 너희가 누구의 죄든지 사하면 사하여질 것이요 누구의 죄든지 그대로 두면 그대로 있으리라 하시니라"

iv. 하나님의 말씀을 들을 때 성령을 주신다.

행 10:44~46 "베드로가 이 말을 할 때에 성령이 말씀 듣는 모든 사람에게 내려오시니 베드로와 함께 온 할례 받은 신자들이 이방인들에게도 성령 부어 주심으로 말미암아 놀라니 이는 방언을 말하며 하나님 높임을 들음이러라"

v. 사도 바울이 에베소교회에서 말씀 전하고, 침례 베풀고, 안수 기도 할 때 성령이 임하여 열두 사람이 방언으로 기도하였다.

행 19:4~7 "바울이 이르되 요한이 회개의 침례를 베풀며 백성에게 말하되 내 뒤에 오시는 이를 믿으라 하였으니 이는 곧 예수라 하거늘 그들이 듣고 주 예수의 이름으로 침례를 받으니 바울이 그들에게 안수하매 성령이 그들에게 임하시므로 방언도 하고 예언도 하니 모두 열두 사람쯤 되니라"

vi. 성령 안에서 항상 성령 충만함으로 방언으로 기도하기를 힘써야 한다.

엡 6:18 "모든 기도와 간구를 하되 항상 성령 안에서 기도하고 이를 위하여 깨어 구하기를 항상 힘쓰며 여러 성도를 위하여 구하라"

사도 바울의 방언 기도론은 무엇인가?

고전 14:18 "내가 너희 모든 사람보다 방언을 더 말하므로 하나님께 감사하노라"

고전 14:39 "그런즉 내 형제들아 예언하기를 사모하며 방언 말하기를 금하지 말라"

공동번역 고전 14:18 "나는 여러분 중 어느 누구보다도 이상한 언어를 더 많이 말할 수 있다는 것을 하느님께 감사드립니다."

vii. 니키 검불의 『인생의 의문점들QUESTION OF LIFE』에 혼자 기도 시 성령과 방언받는 방법은 무엇인지 나온다.

Ⓐ 하나님께 성령을 받는 데 방해가 될 수 있는 어떤 것이라도 용서해 주실 것을 간구하라.

Ⓑ 당신의 삶에서 잘못임을 알고 있는 것은 어떤 것이라도 버려라.

Ⓒ 하나님께 성령으로 채워주시고 방언의 은사를 달라고 기도하라. 얻을 때까지 계속 구하라. 문이 열릴 때까지 계속 두드리라. 온 마음으로 하나님을 찾으라.

Ⓓ 당신이 방언의 은사를 받고 싶다면 구하라. 그리고 나서 입을 열어 모국어나 당신이 알고 있는 다른 언어가 아닌 어떤 언어로 하나님을 찬양하기 시작하라.

Ⓔ 받은 것은 하나님으로부터 온 것임을 믿으라. 누구도 당신이 지어낸 것이라고 말하지 못하게 하라. (당신이 가장 믿기 어려울 것이다.)

Ⓕ 인내하라. 말이 늘려면 시간이 걸린다. 대부분은 극히 제한된 어휘부터 시작하여 점차적으로 발전하는 것이다. 방언도 그와 같다. 그 은사를 개발하는 데는 시간이 걸린다. 그러나 포기하지 말라.

Ⓖ 또 다른 은사를 받고자 기도할 때는 그 은사를 사용할 수 있는 기회를 찾으라. 모든 은사를 사용할 수 있는 기회를 찾으라 은사는 사용하면서 개발된다는 것을 기억하라.

4) 영성이 회복되면 예수 그리스도의 기사와 표적이 임하도록 계속 기도한다.

막 16:17~18 "믿는 자들에게는 이런 표적이 따르리니 곧 그들이 내 이름으로 귀신을 쫓아내며 새 방언을 말하며 뱀을 집어올리며 무슨 독을 마실지라도 해를 받지 아니하며 병든 사람에게 손을 얹은즉 나으리라 하시더라"

5) 귀신축사 사역은 어떻게 할 수 있는가?

(1) 예수 그리스도의 이름으로 귀신을 쫓아내라.

막 16:17 "믿는 자들에게는 이런 표적이 따르리니 곧 그들이 내 이름으로 귀신을 쫓아내며 새 방언을 말하며"

ⅰ. 예수 그리스도의 피와 하나님의 말씀으로 마귀를 이기었음을

믿으라.

계 12:11 "또 우리 형제들이 어린 양의 피와 자기들이 증언하는 말씀으로써 그를 이겼으니 그들은 죽기까지 자기들의 생명을 아끼지 아니하였도다"

ii. 마귀를 제어할 권능을 주셨다.

눅 10:19 "내가 너희에게 뱀과 전갈을 밟으며 원수의 모든 능력을 제어할 권능을 주었으니 너희를 해칠 자가 결코 없으리라"

마 10:1 "예수께서 그의 열두 제자를 부르사 더러운 귀신을 쫓아내며 모든 병과 모든 약한 것을 고치는 권능을 주시니라"

(2) 예수 그리스도의 이름으로 일곱 귀신의 정체를 밝혀라.

막 5:8~9 "이는 예수께서 이미 그에게 이르시기를 더러운 귀신아 그 사람에게서 나오라 하셨음이라 이에 물으시되 네 이름이 무엇이냐 이르되 내 이름은 군대니 우리가 많음이니이다 하고"

i. 더러운 귀신

막 1:23 "마침 그들의 회당에 더러운 귀신 들린 사람이 있어 소리 질러 이르되"

ii. 악한 귀신

삼상 19:9 "사울이 손에 단창을 가지고 그의 집에 앉았을 때에 여호와께서 부리시는 악령이 사울에게 접하였으므로 다윗이 손으로 수금을 탈 때에"

iii. 점치는 귀신

행 16:16 "우리가 기도하는 곳에 가다가 점치는 귀신 들린 여종 하나를 만나니 점으로 그 주인들에게 큰 이익을 주는 자라"

iv. 거짓말하는 귀신

왕상 22:22 "여호와께서 그에게 이르시되 어떻게 하겠느냐 이르되 내가 나가서 거짓말하는 영이 되어 그의 모든 선지자들의 입에 있겠나이다 여호와께서 이르시되 너는 꾀겠고 또 이루리라 나가서 그리하라 하셨은즉"

v. 미혹케 하는 귀신

딤전 4:1 "그러나 성령이 밝히 말씀하시기를 후일에 어떤 사람들이 믿음에서 떠나 미혹하는 영과 귀신의 가르침을 따르리라 하셨으니"

vi. 정신병을 주는 귀신

막 5:1~5 "예수께서 바다 건너편 거라사인의 지방에 이르러 배에서 나오시매 곧 더러운 귀신 들린 사람이 무덤 사이에서 나와 예수를 만나니라 그 사람은 무덤 사이에 거처하는데 이제는 아무도 그를 쇠사슬로도 맬 수 없게 되었으니 이는 여러 번 고랑과 쇠사슬에 매였어도 쇠사슬을 끊고 고랑을 깨뜨렸음이러라 그리하여 아무도 그를 제어할 힘이 없는지라 밤낮 무덤 사이에서나 산에서나 늘 소리 지르며 돌로 자기의 몸을 해치고 있었더라"

vii. 육체적 병을 주는 귀신

고후 12:7 "여러 계시를 받은 것이 지극히 크므로 너무 자만하지 않게 하시려고 내 육체에 가시 곧 사탄의 사자를 주셨으니 이는 나를 쳐서 너무 자만하지 않게 하려 하심이라"

(3) 예수 그리스도의 이름으로 귀신을 꾸짖으라.

막 1:23~26 "마침 그들의 회당에 더러운 귀신 들린 사람이 있어 소리 질러 이르되 나사렛 예수여 우리가 당신과 무슨 상관이 있나이까 우리를 멸하러 왔나이까 나는 당신이 누구인 줄 아노니 하나님의 거룩한 자니이다 예수께서 꾸짖어 이르시되 잠잠하고 그 사람에게서 나오라 하시니 더러운 귀신이 그 사람에게 경련을 일으키고 큰 소리를 지르며 나오는지라"

i. 예수님은 말 못하고 못 듣는 귀신을 꾸짖어 쫓아내셨다.

막 9:25~28 "예수께서 무리가 달려와 모이는 것을 보시고 그 더러운 귀신을 꾸짖어 이르시되 말 못하고 못 듣는 귀신아 내가 네게 명하노니 그 아이에게서 나오고 다시 들어가지 말라 하시매 귀신이 소리 지르며 아이로 심히 경련을 일으키게 하고 나가니 그 아이가 죽은 것 같이 되어 많은 사람이 말하기를 죽었다 하나 예수께서 그 손을 잡아 일으키시니 이에 일어서니라 집에 들어가시매 제자들이 조용히 묻자오되 우리는 어찌하여 능히 그 귀신을 쫓아내지 못하였나이까 이르시되 기도 외에 다른 것으로는 이런 종류가 나갈 수 없느니라 하시니라"

(4) 예수 그리스도의 이름으로 귀신에게 나가라고 명령하라.

막 1:25~26 "예수께서 꾸짖어 이르시되 잠잠하고 그 사람에게서 나오라 하시니 더러운 귀신이 그 사람에게 경련을 일으키고 큰 소리를 지르며 나오는지라"

i. 하나님께 복종하며 마귀를 대적하라.

약 4:7 "그런즉 너희는 하나님께 복종할지어다 마귀를 대적하라 그리하면 너희를 피하리라"

ii. 믿음을 굳건하게 하여 마귀를 대적하라.

벧전 5:8~9 "근신하라 깨어라 너희 대적 마귀가 우는 사자 같이 두루 다니며 삼킬 자를 찾나니 너희는 믿음을 굳건하게 하여 그를 대적하라 이는 세상에 있는 너희 형제들도 동일한 고난을 당하는 줄을 앎이라 경련을 일으키고 큰 소리를 지르며 나오는지라"

(5) 귀신축사가 끝나면 하나님께 영광을 돌려야 한다.

눅 13:11 "열여덟 해 동안이나 귀신 들려 앓으며 꼬부라져 조금도 펴지 못하는 한 여자가 있더라 예수께서 보시고 불러 이르시되 여자여 네가 네 병에서 놓였다 하시고 안수하시니 여자가 곧 펴고 하나님께 영광을 돌리는지라"

(6) 가족과 이웃에게 간증하고 전도한다.

행 16:30~34 "그들을 데리고 나가 이르되 선생들이여 내가 어떻게 하여야 구원을 받으리이까 하거늘 이르되 주 예수를 믿으라 그리하면 너와 네 집이 구원을 받으리라 하고 주의 말씀을 그 사람과 그 집에 있는 모든 사람에게 전하더라 그 밤 그 시각에 간수가 그들을 데려다가 그 맞은 자리를 씻어 주고 자기와 그 온 가족이 다 침례를 받은 후 그들을 데리고 자기 집에 올라가서 음식을 차려 주고 그와 온 집안이 하나님을 믿으므로 크게 기뻐하니라"

나는 여의도 ○○교회에 첫 발령지는 강서구 ○○동이었는데 전임자와 교체가 이루어졌다. 리더들 간에 열심이 있었는데 구역장 불신 남편이 학교 앞에서 술집을 하였다.

그때 구역장이 귀신이 들려서 리더들이 모여 귀신을 못 쫓아내고 전도사를 부른 것이다. 오후 9시에 당시 자가용도 없었는데 안 갈 수도 없고 택시를 타고 갔다. 처음 쫓는 귀신이라 두려움도 있었다. 하나님을 간절히 의지하고 전도사 체면 살려 달라고 기도하면서 도착하였다. 먼저 예배를 드리고 합심기도를 하게 하였다. 남편도 옆에서 무릎 꿇고 기도하라고 하였다. 나는 환자 앞에서 예수 이름으로 명령하였다. 너의 이름이 무엇이냐? 한 30분 이상 기도하였는데 귀신이 자신을 드러냈다. '술 귀신'이라는 것이다.

예수 이름으로 나가라 계속 명령하니 푹 쓰러져 졸음이 온다고 하였다. 그날 남편이 회개하고 구원받았으며 구역장은 그날 이후로 깨끗이 치료받고 사명을 잘 감당하게 되었다. 밤 12시가 넘어 집에 도착하였는데 하나님이 초년병 전도사를 권위를 살려주셔서 깊은 감사를 드렸다. 그날 이후 크게 부흥이 다가와 1년 만에 2배로 성장하여 교구를 나누게 되었다. 모든 것이 하나님의 은혜였다. 모든 영광을 하나님께 올려 드린다.

"그들을 데리고 자기 집에 올라가서 음식을 차려 주고 그와 온 집안이 하나님을 믿으므로 크게 기뻐하니라"(행 16:34)

6) 전도에 매인 삶을 산다.

(1) 주의 종을 위해 기도할 때 전도의 문을 열어 달라고 기도하고, 그리스도의 비밀을 능력 있게 전하기를 위해 중보기도 해야 한다.

골 4:3~4 "또한 우리를 위하여 기도하되 하나님이 전도할 문을 우리에게 열어 주사 그리스도의 비밀을 말하게 하시기를 구하라 내가 이 일 때문에 매임을 당하였노라 그리하면 내가 마땅히 할 말로써 이 비밀을 나타내리라"

(2) 전도 안 하면 화가 임하고, 스스로 전도하면 상(賞)을 받는다.

고전 9:16~17 "내가 복음을 전할지라도 자랑할 것이 없음은 내가 부득불 할 일임이라 만일 복음을 전하지 아니하면 내게 화가 있을 것이로다 내가 내 자의로 이것을 행하면 상을 얻으려니와 내가 자의로 아니한다 할지라도 나는 사명을 받았노라"

전도는 기도로 시작하여야 한다. 우림, 광도, 클래식, 해피트리Ⅰ, Ⅱ, 와우리, 효성, 동보, 영풍, 임광, 쌍룡, 현대, 푸르지오, 병점, 오산, 송탄, 평택, 천안, 수원, 오목천동 청구Ⅰ,Ⅱ, 주공, 고색동, 수영리, 천천리, 봉담읍 한일, 동남, 주공Ⅰ~Ⅶ, 동일, 발안, 안중 등 매일 아침마다 기도한다. 그리고 매주 목요일 전도한다. 기도 후 발이 안 닿는 곳이 없다.

(3) 세계 선교는 예수님의 지상명령(The great commision)이다.
(마 28:18~20)

ⅰ. 그리스도인은 예수의 권세를 받았다.
18절 "예수께서 나아와 말씀하여 이르시되 하늘과 땅의 모든 권세를 내게 주셨으니"

ii. 그리스도인은 세계선교 명령을 수행해야 한다.
19절 "그러므로 너희는 가서 모든 민족을"

iii. 그리스도인은 제자 삼아야 한다.
19b절 "제자로 삼아"

iv. 그리스도인은 물 침례 받고 성령 침례(불 침례) 받아야 한다.
19c절 "아버지와 아들과 성령의 이름으로 침례를 베풀고"

v. 그리스도인은 성경을 교육해 행하게 하여야 한다.
20절 "내가 너희에게 분부한 모든 것을 가르쳐 지키게 하라"

vi. 그리스도인은 임마누엘의 믿음을 가져야 한다. 20b절 "볼지어다 내가 세상 끝날까지 너희와 항상 함께 있으리라 하시니라"

(4) 전도는 세계 선교 명령을 포함한다.
막 16:15~16 "또 이르시되 너희는 온 천하에 다니며 만민에게 복음을 전파하라믿고 침례를 받는 사람은 구원을 얻을 것이요 믿지 않는 사람은 정죄를 받으리라"

제5부

인간의 죽음

죽음은 생과 사후세계의 중간 부분이다. 죽음에 대해 생각한다.

"동양의 성인인 공자에게 그의 제자가 질문하였다. '선생님, 죽음이 무엇입니까?' 하고 제자가 물었을 때 공자는 일언지하에 이렇게 대답하였다. '생이 무엇인지를 아직 모르겠는데 내가 죽음을 어떻게 알 수 있겠는가?' 그는 솔직하였고 정직하였다. 과연 지혜의 스승이다."[12] 인간은 죽음 앞에 설 때 새로운 삶을 살게 된다.

"죽음은 생의 종말이요 존재의 부정이요, 인생의 종지부요, 일체가 끝이 나는 것이다. 나의 모든 것을 버리고 무로 돌아가는 것이요, 사랑하는 모든 것과 영원히 이별하는 것이다. 죽음에는 허무감이 따르고 공포감이 따르고 절망감이 따른다. 죽음은 예외 없이 우리를 찾아오고 예고 없이 우리를 엄습한다. 죽음은 인간의 가장 으뜸가는 한계 상황이다. 죽음 앞에 선다는 것은 나의 종말 앞에 서는 것이요, 허무 앞에 서는 것이요, 한계 앞에 서는 것이다. 죽음을 심각하게 느낄 때 우리의 생은 엄숙해지고 진지해지고 깊어진다. 투철한 사생관(死生觀)을 가질 때 우리는 비로소 깊은 생을 살 수 있다."[13]

---

12 안병욱, 『삶의 길목에서』, 자유문학사, 1982, p93
13 Ibid, p227

死의 찬미

당신의 태어남은 아름다워
당신의 죽는 것도 아름다워

아침 해의 일출은 아름다워
저녁놀의 석양도 아름다워

새싹의 돋음은 아름다워
단풍들어 붉게 물든 당신도 아름다워

사람의 태어남은 "심히 기묘하심이라"[14]
"경건한 자의 죽음은 야웨 보시기에 귀중한 것"[15]

아! 아!
"죽는 날이 출생하는 날보다 나으며"[16]

— 2018. 9. 29 칠보산 아름다운 석양 노을을 보며…

---

[14] 시 139:14
[15] 시 116:15
[16] 전 7:1

1. 죽음은 돌아가는 것

창 3:19 "네가 흙으로 돌아갈 때까지 얼굴에 땀을 흘려야 먹을 것을 먹으리니 네가 그것에서 취함을 입었음이라 너는 흙이니 흙으로 돌아갈 것이니라 하시니라"

전 3:20~21 "다 흙으로 말미암았으므로 다 흙으로 돌아가나니 다 한 곳으로 가거니와 인생들의 혼은 위로 올라가고 짐승의 혼은 아래 곧 땅으로 내려가는 줄을 누가 알랴"

2. 죽음은 하나님의 뜻이며 심판이 있다

히 9:27 "한번 죽는 것은 사람에게 정해진 것이요 그 후에는 심판
이 있으리니"

3. 성도의 죽음은 귀중한 것이다

시 116:15 "그의 경건한 자들의 죽음은 여호와께서 보시기에 귀중한 것이로다"

현대인의 성경 시 116:15 "여호와께서는 성도의 죽음을 소중하게 보신다."

4. 죽음은 낙원과 음부로 갈라진다

눅 16:22~23 "이에 그 거지가 죽어 천사들에게 받들려 아브라함의 품에 들어가고 부자도 죽어 장사되매 그가 음부에서 고통 중에 눈을 들어 멀리 아브라함과 그의 품에 있는 나사로를 보고"

낙원은 영어 paradise, heaven 아무런 고통이 없는 곳, 예수님이 예비하신 곳, 하늘나라(천국)를 말한다.

1) 거지 나사로가 갔던 아브라함의 품(낙원)을 말한다.

눅 16:22 "이에 그 거지가 죽어 천사들에게 받들려 아브라함의 품에 들어가고 부자도 죽어 장사되매"

2) 하나님께서 지으신 하늘에 있는 영원한 집을 예비해 놓았다.

요 14:1~3 "너희는 마음에 근심하지 말라 하나님을 믿으니 또 나를 믿으라 내 아버지 집에 거할 곳이 많도다 그렇지 않으면 너희에게 일렀으리라 내가 너희를 위하여 거처를 예비하러 가노니 가서 너희를 위하여 거처를 예비하면 내가 다시 와서 너희를 내게로 영접하여 나 있는 곳에 너희도 있게 하리라"

고후 5:1 "만일 땅에 있는 우리의 장막 집이 무너지면 하나님께서 지으신 집 곧 손으로 지은 것이 아니요 하늘에 있는 영원한 집이 우리에게 있는 줄 아느니라"

시 23:6 "내 평생에 선하심과 인자하심이 반드시 나를 따르리니 내가 여호와의 집에 영원히 살리로다"

3) 하나님이 예수님과 함께 낙원에 있는 성도들을 데리고 오신다.

살전 4:14~15 "우리가 예수께서 죽으셨다가 다시 살아나심을 믿을진대 이와 같이 예수 안에서 자는 자들도 하나님이 그와 함께 데리고 오시리라 우리가 주의 말씀으로 너희에게 이것을 말하노니 주께서 강림하실 때까지 우리 살아 남아 있는 자도 자는 자보다 결코 앞서지 못하리라"

4) 예수 그리스도 재림 시 죽은 성도들이 먼저 부활하며 살아있는 성도들도 들림받는다.

살전 4:16~17 "주께서 호령과 천사장의 소리와 하나님의 나팔 소리로 친히 하늘로부터 강림하시리니 그리스도 안에서 죽은 자들이 먼저 일어나고 그 후에 우리 살아남은 자들도 그들과 함께 구름 속으로 끌어 올려 공중에서 주를 영접하게 하시리니 그리하여 우리가 항상 주와 함께 있으리라"

5) 죽은 자의 부활은 썩지 않고, 영광스럽고, 강하고, 신령한 몸, 부활체(復活體)로 부활하게 된다.

고전 15:42~44 "죽은 자의 부활도 그와 같으니 썩을 것으로 심고 썩지 아니할 것으로 다시 살아나며 욕된 것으로 심고 영광스러운 것으로 다시 살아나며 약한 것으로 심고 강한 것으로 다시 살아나며 육의 몸으로 심고 신령한 몸으로 다시 살아나나니 육의 몸이 있은즉 또 영의 몸도 있느니라"

이후로는 천년왕국과 백 보좌 심판, 새 예루살렘과 새 땅에서 영원히 살게 된다.

음부는 신약성경 그리스어 Hades(하데스), Sheol(스올), 죽은 자들이 무의식상태로 머무는 장소로서 부활을 기다리는 장소로 무덤, 영원히 하나님과 분리되는 장소, 지옥을 의미한다.

"불꽃 가운데서 괴로워하는 곳"(눅 16:24)

1) 지옥은 그리스어 Gehenna(게헤나) 우리말사전은 큰 죄를 짓고 죽은 사람들이 구원받지 못하고 벌을 받는다는 곳을 말한다.

이리로 들어오는 자는 다 저주를 받은 자여라
모든 소망을 버려라
죽을 수도 없는 곳이다.

다만 너희가 할 수 있는 것은
이 어둠 속에서
이를 갈며 슬피 우는 것뿐이다.

이렇게 할 걸, 저렇게 할 걸 하면서
후회하고 모든 기회를 잃는 것을 원망하는 일이다.

기회란 준비된 자와 용감한 자만이 가질 수 있다.

그러나 여기 있는 자들은 모든 기회를 잃은 자들이며 버림받은 자들이다.
이곳에 들어온 자는 다시 나갈 수도 없고
제2의 기회도 없다.

(1) 지옥은 영원히 죽지 않고 영원한 고통만 있는 곳이다.

막 9:47~49 "만일 네 눈이 너를 범죄하게 하거든 빼버리라 한 눈으로 하나님의 나라에 들어가는 것이 두 눈을 가지고 지옥에 던져지는 것보다 나으니라 거기에서는 구더기도 죽지 않고 불도 꺼지지 아니하느니라 사람마다 불로써 소금 치듯 함을 받으리라"

(2) 지옥은 세세토록 고난만 있고 쉼이 없다.

계 14:9~11 "또 다른 천사 곧 셋째가 그 뒤를 따라 큰 음성으로 이

---

17 신성종,『내가 본 지옥과 천국』, 크리스찬 서적, 2011, p27

르되 만일 누구든지 짐승과 그의 우상에게 경배하고 이마에나 손에 표를 받으면 그도 하나님의 진노의 포도주를 마시리니 그 진노의 잔에 섞인 것이 없이 부은 포도주라 거룩한 천사들 앞과 어린 양 앞에서 불과 유황으로 고난을 받으리니 그 고난의 연기가 세세토록 올라가리로다 짐승과 그의 우상에게 경배하고 그의 이름표를 받는 자는 누구든지 밤낮 쉼을 얻지 못하리라 하더라"

2) 무저갱은 무엇인가?

우리말사전은 악마가 벌을 받아 한번 떨어지면 헤어나지 못한다는 영원한 구렁텅이인데 지옥의 깊은 12개 구덩이가 있다.

i. 거짓말의 구덩이
ii. 미움의 구덩이
iii. 시기와 질투의 구덩이
iv. 불평과 원망의 구덩이
v. 무관심의 구덩이
vi. 두려움의 구덩이
vii. 분쟁의 구덩이
viii. 노여움의 구덩이
ix. 절망의 구덩이
x. 탐욕의 구덩이
xi. 음란의 구덩이
xii. 배신의 구덩이[18]

---

[18] 신성종, 『내가 본 지옥과 천국』, 크리스찬 서적, 2011, p34

(1) 무저갱은 마귀, 짐승, 거짓선지자의 영원한 괴로움의 불과 유황이 타는 못이다.

계 20:10 "또 그들을 미혹하는 마귀가 불과 유황 못에 던져지니 거기는 그 짐승과 거짓 선지자도 있어 세세토록 밤낮 괴로움을 받으리라"

(2) 무저갱은 둘째 사망의 불과 유황이 타는 못이다.

계 21:8 "그러나 두려워하는 자들과 믿지 아니하는 자들과 흉악한 자들과 살인자들과 음행하는 자들과 점술가들과 우상 숭배자들과 거짓말하는 모든 자들은 불과 유황으로 타는 못에 던져지리니 이것이 둘째 사망이라"

이제 영원한 천국의 삶의 기도문을 읽고 믿는 자는 하나님께서 천사들을 통해 당신을 영원한 낙원으로 인도하신다.

영원한 천국의 삶의 기도

오 주여!
나의 목숨이 다하거든
영혼은 천사들의 인도받아
온전한 그리스도인 영화되어 낙원으로 가게 하시고
육은 주님 재림 시 그리스도의 영광스러움으로 부활하게 하소서

오 주여!
땅에서는 심령천국이
의, 평강, 희락 내 안에 이루시고
천상천국에는
영생하는 생명과 생명수를 마시고
수고를 그치고 영원한 쉼을

새 예루살렘 성(城)에서
주님보좌와 같은 만국을 다스리는 왕으로
천상예배에 경배와 영광을 올리게 하소서

오 주여!
천국에서는 눈물, 사망, 애통, 곡함, 아픔이 없고
해, 달, 밤도 없고
친히 영광과 등불이 되셔서 영원토록 비추소서

오 주님!
나의 삶을 기억하시고
하늘의 상(賞)을 받고
해, 달, 별과 별들처럼
영원토록 주님처럼 빛나게 하소서

— 후기: 성서 골 3장, 계 22장 인용

제6부

영원한 천국

1. 그리스도인의 부활

1) 부활의 예언

(1) 예수님께서 말씀하신 부활 예언은 무엇인가?

요 11:25~26 "예수께서 이르시되 나는 부활이요 생명이니 나를 믿는 자는 죽어도 살겠고 무릇 살아서 나를 믿는 자는 영원히 죽지 아니하리니 이것을 네가 믿느냐"

(2) 사도 바울이 말한 부활의 예언은 무엇인가?

고전 15:42~44 "죽은 자의 부활도 그와 같으니 썩을 것으로 심고 썩지 아니할 것으로 다시 살아나며 욕된 것으로 심고 영광스러운 것으로 다시 살아나며 약한 것으로 심고 강한 것으로 다시 살아나며 육의 몸으로 심고 신령한 몸으로 다시 살아나나니 육의 몸이 있은즉 또 영의 몸도 있느니라"

살전 4:16~17 "주께서 호령과 천사장의 소리와 하나님의 나팔 소리로 친히 하늘로부터 강림하시리니 그리스도 안에서 죽은 자들이 먼저 일어나고 그 후에 우리 살아 남은 자들도 그들과 함께 구름 속으로 끌어 올려 공중에서 주를 영접하게 하시리니 그리하여 우리가 항상 주와 함께 있으리라”

2) 외적 부활 시 예수 그리스도의 영광스러움으로 부활할 것이다.

골 3:4 “우리 생명이신 그리스도께서 나타나실 그 때에 너희도 그와 함께 영광중에 나타나리라”

빌 3:21 “그는 만물을 자기에게 복종하게 하실 수 있는 자의 역사로 우리의 낮은 몸을 자기 영광의 몸의 형체와 같이 변하게 하시리라”

고후 3:18 “우리가 다 수건을 벗은 얼굴로 거울을 보는 것 같이 주의 영광을 보매 그와 같은 형상으로 변화하여 영광에서 영광에 이르니 곧 주의 영으로 말미암음이니라”

요 5:29 “선한 일을 행한 자는 생명의 부활로, 악한 일을 행한 자는 심판의 부활로 나오리라”

3) 그리스도인의 내적 형상의 부활은 언제 이루어지는가?

롬 8:29~30 “하나님이 미리 아신 자들을 또한 그 아들의 형상을 본받게 하기 위하여 미리 정하셨으니 이는 그로 많은 형제 중에서 맏아들이 되게 하려 하심이니라 또 미리 정하신 그들을 또한 부르시고 부르신 그들을 또한 의롭다 하시고 의롭다 하신 그들을 또한 영화롭게 하셨느니라”

형상은 히브리어 םלצ(tselem)첼렘, 그리스어 εἰκών(cikon)이콘, 형상은 물질적 형상과 외형이 아닌 본질, 실질을 나타낸다.

(1) 중생의 단계에서의 내적 형상은?

딛 3:5 “우리를 구원하시되 우리가 행한 바 의로운 행위로 말미암지 아니하고 오직 그의 긍휼하심을 따라 중생의 씻음과 성령의 새롭게 하심으로 하셨나니”

벧전 1:23 “너희가 거듭난 것은 썩어질 씨로 된 것이 아니요 썩지 아니할 씨로 된 것이니 살아 있고 항상 있는 하나님의 말씀으로 되었느니라”

(2) 성화 단계에서의 내적 형상은?

골 3:10 “새 사람을 입었으니 이는 자기를 창조하신 이의 형상을 따라 지식에까지 새롭게 하심을 입은 자니라”

공동번역 골 3:10 “새 인간으로 갈아입었기 때문입니다. 새 인간은 자기 창조주의 형상을 따라 끊임없이 새로워지면서 참된 지식을 가지게 됩니다.”

엡 4:22~24 “너희는 유혹의 욕심을 따라 썩어져 가는 구습을 따르는 옛 사람을 벗어 버리고 오직 너희의 심령이 새롭게 되어 하나님을 따라 의와 진리의 거룩함으로 지으심을 받은 새 사람을 입으라”

엡 4:30 “하나님의 성령을 근심하게 하지 말라 그 안에서 너희가 구원의 날까지 인치심을 받았느니라”

엡 5:18 “술 취하지 말라 이는 방탕한 것이니 오직 성령으로 충만함을 받으라”

갈 4:19 “나의 자녀들아 너희 속에 그리스도의 형상을 이루기까지 다시 너희를 위하여 해산하는 수고를 하노니”

(3) 온전한 성화 죽음의 단계는?

ⅰ. 죽음을 통해 육체와 영혼이 분리되므로 원욕이 사라지게 된다.

전 12:5 "또한 그런 자들은 높은 곳을 두려워할 것이며 길에서는 놀랄 것이며 살구나무가 꽃이 필 것이며 메뚜기도 짐이 될 것이며 정욕이 그치리니 이는 사람이 자기의 영원한 집으로 돌아가고 조문객들이 거리로 왕래하게 됨이니라"

개역 한글판 전 12:5 "그런 자들은 높은 곳을 두려워할 것이며 길에서는 놀랄 것이며 살구나무가 꽃이 필 것이며 메뚜기도 짐이 될 것이며 원욕이 그치리니 이는 사람이 자기 영원한 집으로 돌아가고 조문자들이 거리로 왕래하게 됨이라"

ⅱ. 솔로몬의 죽음이란?

전 12:7 "흙은 여전히 땅으로 돌아가고 영은 그것을 주신 하나님께로 돌아가기 전에 기억하라"

(4) 영화의 단계

영화는 영혼과 육체가 죄의 결과로부터 해방되어 성결해져서 완전히 행복한 단계에 이르는 것이다.

ⅰ. 하나님의 심판대 앞에서 의로운 상태로 서는 것이다.

ⅱ. 우리의 영혼이 중생에서 성화의 과정을 거쳤지만 그래도 아직 흠이 있고 책망할 것이 있다. 이 과정에서 하나님 앞에서 온전해지는 것이다.

골 1:22~23 "이제는 그의 육체의 죽음으로 말미암아 화목하게 하사 너희를 거룩하고 흠 없고 책망할 것이 없는 자로 그 앞에 세우고자 하셨으니 만일 너희가 믿음에 거하고 터 위에 굳게 서서 너희 들은 바 복음의 소망에서 흔들리지 아니하면 그리하리라 이 복음은 천하 만민에게 전파된 바요 나 바울은 이 복음의 일꾼이 되었노라"

iii. 하나님을 아는 지식과 모든 총명으로 점점 풍성해져 모든 것을 분별하고 허물이 없으므로 시험의 근원들이 사라진다.

빌 1:9~11 "내가 기도하노라 너희 사랑을 지식과 모든 총명으로 점점 더 풍성하게 하사 너희로 지극히 선한 것을 분별하며 또 진실하여 허물 없이 그리스도의 날까지 이르고 예수 그리스도로 말미암아 의의 열매가 가득하여 하나님의 영광과 찬송이 되기를 원하노라"

공동번역 빌 1:9~11 "내가 여러분을 위해서 기원하는 것은 여러분의 사랑이 참된 지식과 분별력을 갖추어 점점 더 풍성해져서 가장 옳은 것이 무엇인지를 가릴 수 있게 되었으면 하는 것입니다. 그래서 여러분이 순결하고 나무랄 데 없는 사람으로서 그리스도의 날을 맞이하게 되고 또 예수 그리스도를 믿음으로써 올바른 일을 많이 하여 하느님께 영광과 찬양을 드릴 수 있게 되기를 바랍니다."

iv. 하나님의 말씀에 불완전한 지식이 그날에는 완전한 지식을 얻게 된다.

고전 13:12 "우리가 지금은 거울로 보는 것 같이 희미하나 그 때에는 얼굴과 얼굴을 대하여 볼 것이요 지금은 내가 부분적으로 아나 그 때에는 주께서 나를 아신 것 같이 내가 온전히 알리라"

신성종 목사님이 『내가 본 지옥과 천국』에서 천국 문을 소개하시면서 지옥의 불은 형벌의 불, 천국은 성결케 하는 성령의 불이 활활 타고 있는 모습 또 그 앞에는 잔잔한 호수로 묘사하는데 그것은 세상에서 당한 모든 질병을 치유케 하는 생수였다. 세상에서 가졌던 미움과 시기와 질투와 불평과 원망 등 모든 것을 다 치유케 하는 물이었다.

하나님께서 육신적인 병과 마음의 병까지 다 치료하신다는 것이다.

"또 그 앞에는 잔잔한 호수가 있었는데 그것은 세상에서 당한 모든 질병을 치유케 하는 생수였다. 세상에서 가졌던 미움과 시기와 질투와 불평과 원망 등 모든 것을 다 치유케 하는 물이었다."**19**

하나님께서는 예수 그리스도 재림의 날, 죽은 성도의 부활의 날, 살아있는 성도의 휴거의 날 외적인 영광스러운 부활과 내적인 그리스도의 성품으로 사랑의 마음으로 바꾸어주실 것을 믿는 것이다. 또한 자기 백성을 완벽하게 고쳐주실 것을 믿는다.

Ⓐ 모든 병을 고쳐주시는 천국

"모든 눈물을 그 눈에서 닦아 주시니 다시는 사망이 없고 애통하는 것이나 곡하는 것이나 아픈 것이 다시 있지 아니하리니 처음 것들이 다 지나갔음이러라"(계 21:4)

Ⓑ 생명수 샘물을 주시는 하나님 "또 내게 말씀하시되 이루었도다 나는 알파와 오메가요 처음과 마지막이라 내가 생명수 샘물을 목마

---

19 신성종, 『내가 본 지옥과 천국』, 크리스챤 서적, 2011, p133

른 자에게 값없이 주리니 이기는 자는 이것들을 상속으로 받으리라 나는 그의 하나님이 되고 그는 내 아들이 되리라"(계 21:6~7)

ⓒ 생명나무 열매를 먹고 영생하며 잎사귀들은 만국을 치료하는 약재였다.

"또 그가 수정 같이 맑은 생명수의 강을 내게 보이니 하나님과 및 어린 양의 보좌로부터 나와서 길 가운데로 흐르더라 강 좌우에 생명나무가 있어 열두 가지 열매를 맺되 달마다 그 열매를 맺고 그 나무 잎사귀들은 만국을 치료하기 위하여 있더라"(계 22:1~2)

2. 천국

1) 심령천국

(1) 천국은 우리 안에 있다.

눅 17:20~21 "바리새인들이 하나님의 나라가 어느 때에 임하나이까 묻거늘 예수께서 대답하여 이르시되 하나님의 나라는 볼 수 있게 임하는 것이 아니요 또 여기 있다 저기 있다고도 못하리니 하나님의 나라는 너희 안에 있느니라"

NIV Lk 17:20~21 Once, on being asked by the Pharisees when the kingdom of God would come, Jesus replied, "The coming of the kingdom of God is not something that can be observed,

nor will people say, 'Here it is,' or 'There it is,' because the kingdom of God is in your midst."* / *or is within you.

(2) 귀신 축사 시 천국이 우리 마음에 임한다.

마 12:28 "그러나 내가 하나님의 성령을 힘입어 귀신을 쫓아내는 것이면 하나님의 나라가 이미 너희에게 임하였느니라"

(3) 성령 충만할 때의 평강, 희락의 상태로 천국이 임한다.

롬 14:17 "하나님의 나라는 먹는 것과 마시는 것이 아니요 오직 성령 안에 있는 의와 평강과 희락이라"

2) 영원한 천국

골 3:1 "그러므로 너희가 그리스도와 함께 다시 살리심을 받았으면 위의 것을 찾으라 거기는 그리스도께서 하나님 우편에 앉아 계시느니라"

(1) 영원한 천국은 생명과를 먹고, 생명수를 마신다.
계 22:1~2 "또 그가 수정 같이 맑은 생명수의 강을 내게 보이니 하나님과 및 어린 양의 보좌로부터 나와서 길 가운데로 흐르더라 강 좌우에 생명나무가 있어 열두 가지 열매를 맺되 달마다 그 열매를 맺고 그 나무 잎사귀들은 만국을 치료하기 위하여 있더라"

　i 영원한 천국은 생명과 먹는다.
계 2:7 "귀 있는 자는 성령이 교회들에게 하시는 말씀을 들을지어다 이기는 그에게는 내가 하나님의 낙원에 있는 생명나무의 열매를 주어 먹게 하리라"

　ii 영원한 천국은 생명수를 마신다.
계 21:6~7 "또 내게 말씀하시되 이루었도다 나는 알파와 오메가요 처음과 마지막이라 내가 생명수 샘물을 목마른 자에게 값없이 주리니 이기는 자는 이것들을 상속으로 받으리라 나는 그의 하나님이 되고 그는 내 아들이 되리라"

(2) 영원한 천국은 영원한 쉼이 있다.
계 14:13 "또 내가 들으니 하늘에서 음성이 나서 이르되 기록하라 지금 이후로 주 안에서 죽는 자들은 복이 있도다 하시매 성령이 이르시되 그러하다 그들이 수고를 그치고 쉬리니 이는 그들의 행한 일이 따름이라 하시더라"

(3) 영원한 천국은 왕(王)적인 삶을 산다.

계 22:5 "다시 밤이 없겠고 등불과 햇빛이 쓸 데 없으니 이는 주 하나님이 그들에게 비치심이라 그들이 세세토록 왕 노릇 하리로다"

ⅰ. 영원한 천국은 예수 그리스도의 보좌에 앉은 것과 같다.

계 3:21 "이기는 그에게는 내가 내 보좌에 함께 앉게 하여 주기를 내가 이기고 아버지 보좌에 함께 앉은 것과 같이 하리라"

ⅱ. 천년 왕국의 때 천 년 동안 왕 노릇 한다.

계 20:6 "이 첫째 부활에 참여하는 자들은 복이 있고 거룩하도다 둘째 사망이 그들을 다스리는 권세가 없고 도리어 그들이 하나님과 그리스도의 제사장이 되어 천 년 동안 그리스도와 더불어 왕 노릇 하리라"

ⅲ. 열므나의 비유에서 열 고을을 다스리는 왕의 권세를 주셨다.

눅 19:16~17 "그 첫째가 나아와 이르되 주인이여 당신의 한 므나로 열 므나를 남겼나이다 주인이 이르되 잘하였다 착한 종이여 네가 지극히 작은 것에 충성하였으니 열 고을 권세를 차지하라 하고"

(4) 영원한 천국은 새 예루살렘에 살게 된다.

계 21:2 "또 내가 보매 거룩한 성 새 예루살렘이 하나님께로부터 하늘에서 내려오니 그 준비한 것이 신부가 남편을 위하여 단장한 것 같더라"

ⅰ. 하나님의 영광이 있고 성의 빛은 귀한 보석과 같다.

계 21:11 "하나님의 영광이 있어 그 성의 빛이 지극히 귀한 보석 같고 벽옥과 수정 같이 맑더라"

ii. 성은 정금이며 성곽은 벽옥으로 쌓였다.
계 21:18 "그 성곽은 벽옥으로 쌓였고 그 성은 정금인데 맑은 유리 같더라"

iii. 성과의 기초 석은 벽옥, 남보석, 옥수, 녹보석, 홍마노, 홍보석, 황옥, 녹옥, 담황옥, 비취옥, 청옥, 자수정 12보석으로 되어 있다.
계 21:19 "그 성의 성곽의 기초 석은 각색 보석으로 꾸몄는데 첫째 기초 석은 벽옥이요 둘째는 남보석이요 셋째는 옥수요 넷째는 녹보석이요 다섯째는 홍마노요 여섯째는 홍보석이요 일곱째는 황옥이요 여덟째는 녹옥이요 아홉째는 담황옥이요 열째는 비취옥이요 열한째는 청옥이요 열두째는 자수정이라"

iv. 성은 네모 반듯하여 길이와 너비가 같다.
계 21:16~17 "그 성은 네모가 반듯하여 길이와 너비가 같은지라 그 갈대 자로 그 성을 측량하니 만 이천 스다디온이요 길이와 너비와 높이가 같더라 그 성곽을 측량하매 백사십사 규빗이니 사람의 측량 곧 천사의 측량이라"

길이, 너비, 높이는? 12,000스다디온은 6,000리. 약 2,400㎞
성곽은? 144규빗은 약 40m

v. 열두 문은 열두 진주로 되어있고 성의 길은 맑은 유리정금이다.

계 21:21 "그 열두 문은 열두 진주니 각 문마다 한 개의 진주로 되어 있고 성의 길은 맑은 유리 같은 정금이더라"

(5) 영원한 천국은 천상예배를 드린다.

계 4:10~11 "이십사 장로들이 보좌에 앉으신 이 앞에 엎드려 세세토록 살아 계시는 이에게 경배하고 자기의 관을 보좌 앞에 드리며 이르되 우리 주 하나님이여 영광과 존귀와 권능을 받으시는 것이 합당하오니 주께서 만물을 지으신지라 만물이 주의 뜻대로 있었고 또 지으심을 받았나이다 하더라"

(6) 영원한 천국은 충만한 기쁨이 있고 주님과 함께 영원한 즐거움이 있다.

시 16:11 "주께서 생명의 길을 내게 보이시리니 주의 앞에는 충만한 기쁨이 있고 주의 오른쪽에는 영원한 즐거움이 있나이다"

3) 천국에 없는 것

(1) 천국에 사망이 없다.

고전 15:55~57 "사망아 너의 승리가 어디 있느냐 사망아 네가 쏘는 것이 어디 있느냐

사망이 쏘는 것은 죄요 죄의 권능은 율법이라 우리 주 예수 그리스도로 말미암아 우리에게 승리를 주시는 하나님께 감사하노니"

(2) 천국에는 애통과 곡함이 없다.

계 21:4 "모든 눈물을 그 눈에서 닦아 주시니 다시는 사망이 없고

애통하는 것이나 곡하는 것이나 아픈 것이 다시 있지 아니하리니 처음 것들이 다 지나갔음이러라"

(3) 천국에는 아픈 것이 없다.

계 22:2 "길 가운데로 흐르더라 강 좌우에 생명나무가 있어 열두 가지 열매를 맺되 달마다 그 열매를 맺고 그 나무 잎사귀들은 만국을 치료하기 위하여 있더라"

(4) 천국에는 해와 달이 쓸데없다.

계 21:23~25 "그 성은 해나 달의 비침이 쓸데없으니 이는 하나님의 영광이 비치고 어린 양이 그 등불이 되심이라 만국이 그 빛 가운데로 다니고 땅의 왕들이 자기 영광을 가지고 그리로 들어가리라 낮에 성문들을 도무지 닫지 아니하리니 거기에는 밤이 없음이라"

(5) 천국에는 밤이 없다.

계 22:5 "다시 밤이 없겠고 등불과 햇빛이 쓸데없으니 이는 주 하나님이 그들에게 비치심이라 그들이 세세토록 왕 노릇 하리로다"

신성종 목사님은 『내가 본 지옥과 천국』에서 천국에 없는 것 7가지를 말하였다.

ⅰ. 결혼하는 일이 전혀 없었다.

ⅱ. 장애인도 온전한 몸으로 부활해 있었다.

iii. 노인들이 없었다. 나이는 젊은 30대였다.

iv. 지상에서와 같은 부부생활은 없었으나 한 형제처럼, 자매처럼 행복하게 지내고 있었다.

v. 달력이 없는 영원한 삶이었다.

vi. 통역이 필요 없이 다 대화가 통한다.

vii. 교회가 없다. 천국 전체가 아름다운 교회였기 때문이다.

4) 우리가 일한 대로 하늘의 온전한 상(賞)을 받는다.

요2서 8 "너희는 스스로 삼가 우리가 일한 것을 잃지 말고 오직 온전한 상을 받으라"

현대인의 성경 요2서 8 "여러분은 자신을 살펴 우리가 이루어 놓은 것을 잃지 말고 넘치는 하늘의 상을 받도록 하십시오."

(1) 각 사람이 행한 대로 행위의 상을 받는다.

계 22:12 "보라 내가 속히 오리니 내가 줄 상이 내게 있어 각 사람에게 그가 행한 대로 갚아 주리라"

고전 9:24~25 "운동장에서 달음질하는 자들이 다 달릴지라도 오직 상을 받는 사람은 한 사람인 줄을 너희가 알지 못하느냐 너희도 상을 받도록 이와 같이 달음질하라 이기기를 다투는 자마다 모든 일에 절제하나니 그들은 썩을 승리자의 관을 얻고자 하되 우리는 썩지 아니할 것을 얻고자 하노라"

i. 주를 믿는 자는 의의 면류관을 받는다.

"이제 후로는 나를 위하여 의의 면류관이 예비되었으므로 주 곧 의로우신 재판장이 그 날에 내게 주실 것이며 내게만 아니라 주의 나타나심을 사모하는 모든 자에게도니라"(딤후 4:8)

ii. 충성된 자는 생명의 면류관을 받는다.

"너는 장차 받을 고난을 두려워하지 말라 볼지어다 마귀가 장차 너희 가운데에서 몇 사람을 옥에 던져 시험을 받게 하리니 너희가 십 일 동안 환난을 받으리라 네가 죽도록 충성하라 그리하면 내가 생명의 관을 네게 주리라"(계2:10)

iii. 목사 중 양 무리를 잘 친자는 영광의 면류관을 받는다.

"너희 중에 있는 하나님의 양 무리를 치되 억지로 하지 말고 하나님의 뜻을 따라 자원함으로 하며 더러운 이득을 위하여 하지 말고 기꺼이 하며 맡은 자들에게 주장하는 자세를 하지 말고 양 무리의 본이 되라 그리하면 목자장이 나타나실 때에 시들지 아니하는 영광의 관을 얻으리라"(벧전 5:2~4)

iv. 양 무리가 잘 자라 주면 자랑의 면류관을 받는다.

"우리의 소망이나 기쁨이나 자랑의 면류관이 무엇이냐 그가 강림하실 때 우리 주 예수 앞에 너희가 아니냐 너희는 우리의 영광이요 기쁨이니라"(살전 2:19~20)

(2) 백 보좌 심판 시 생명책과 행위의 책들에 기록된 대로 심판받으며 생명책에 기록되지 않는 자는 영원한 불 못에 떨어진다.

계 20:12~15 "또 내가 보니 죽은 자들이 큰 자나 작은 자나 그 보좌 앞에 서 있는데 책들이 펴 있고 또 다른 책이 펴졌으니 곧 생명책이라 죽은 자들이 자기 행위를 따라 책들에 기록된 대로 심판을 받으니 바다가 그 가운데에서 죽은 자들을 내주고 또 사망과 음부도 그 가운데에서 죽은 자들을 내주매 각 사람이 자기의 행위대로 심판을 받고 사망과 음부도 불못에 던져지니 이것은 둘째 사망 곧 불못이라 누구든지 생명책에 기록되지 못한 자는 불못에 던져지더라"

요 5:29 "선한 일을 행한 자는 생명의 부활로, 악한 일을 행한 자는 심판의 부활로 나오리라"

(3) 세상에서의 삶이 사후 심판의 기준이 된다.

부자와 거지 나사로의 비유에서 나타난다.

눅 16:25 "아브라함이 이르되 얘 너는 살았을 때에 좋은 것을 받았고 나사로는 고난을 받았으니 이것을 기억하라 이제 그는 여기서 위로를 받고 너는 괴로움을 받느니라"

고후 5:10 "이는 우리가 다 반드시 그리스도의 심판대 앞에 나타나게 되어 각각 선악 간에 그 몸으로 행한 것을 따라 받으려 함이라"

5) 천국에서도 상급의 차이는 있는가?

(1) 해, 달, 별, 별과 별의 영광이 각각 다르다.

고전 15:40~41 "하늘에 속한 형체도 있고 땅에 속한 형체도 있으나 하늘에 속한 것의 영광이 따로 있고 땅에 속한 것의 영광이 따로 있으니 해의 영광이 다르고 달의 영광이 다르며 별의 영광도 다른데

별과 별의 영광이 다르도다"

(2) 다니엘서 12장의 상급 차이는 무엇인가?(단 12:1~3)

ⅰ. 생명책에 기록된 자는 구원받는다.

1절 "그 때에 네 민족을 호위하는 큰 군주 미가엘이 일어날 것이요 또 환난이 있으리니 이는 개국 이래로 그 때까지 없던 환난일 것이며 그 때에 네 백성 중 책에 기록된 모든 자가 구원을 받을 것이라"

ⅱ. 죽은 자 가운데 부활하여 영생을 얻을 자가 있다.

2절 "땅의 티끌 가운데에서 자는 자 중에서 많은 사람이 깨어나 영생을 받는 자도 있겠고 수치를 당하여서 영원히 부끄러움을 당할 자도 있을 것이며"

ⅲ 수치를 당하여 영원히 부끄러움을 받을 자가 있다.

2b절 "~수치를 당하여서 영원히 부끄러움을 당할 자도 있을 것이며"

ⅳ 지혜 있는 자는 궁창의 빛과 같이 빛난다.

3절 "지혜 있는 자는 궁창의 빛과 같이 빛날 것이요 많은 사람을 옳은 데로 돌아오게 한 자는 별과 같이 영원토록 빛나리라"

ⅴ 전도자의 상은 별과 같이 영원히 빛난다.

3b절 "많은 사람을 옳은 데로 돌아오게 한 자는 별과 같이 영원토록 빛나리라"

한국 교회의 내적인 두 번째 문제는 직분의 계급화이다. 사도 바울은 젊은 목회자 디모데에게 소홀히 직분 주지 말 것을 말하고 있다.

"아무에게나 경솔히 안수하지 말고 다른 사람의 죄에 간섭하지 말며 네 자신을 지켜 정결하게 하라"(딤전 5:22)

그리고 모든 직분자는 자신을 낮추어 하나님의 사역을 감당해야 한다.

왜냐하면 신약성서 27권 가운데 사복음서와 사도행전에서만 '제자'란 말이 나오고, 로마서에서 요한계시록까지에서 22권을 기록한 저자가 자신을 '일꾼' 그리스어 διάκογος 디아코노스로 말하고 있기 때문이다.

'종'으로 쓴 책이 7권(롬, 빌, 딛, 약, 벧후, 유, 계)으로 31%

'사도'로 쓴 책이 8권(고전·후, 갈, 엡, 골, 딤전·후, 벧전)으로 36%

'바울'로 쓴 책이 3권(살전·후, 몬)으로 14%

'장로'(목사)로 쓴 책이 3권(요1·2·3서)으로 14%

그리고 작자 미상 1권(히)으로 5%로 쓰여 있다.

"만일 너희가 믿음에 거하고 터 위에 굳게 서서 너희 들은 바 복음의 소망에서 흔들리지 아니하면 그리하리라 이 복음은 천하 만민에게 전파된 바요 나 바울은 이 복음의 일꾼이 되었노라"(골 1:23)

고전 4:1 "사람이 마땅히 우리를 그리스도의 일꾼이요 하나님의 비밀을 맡은 자로 여길지어다"

대사도인 바울 선생도 자신을 '일꾼'이라 하였는데 너무 많은 목회자, 평신도 지도자들이 본분을 잊어버리고 있는 것을 보고 통탄하지 않을 수 없다. 일꾼은 종이요, 하인이요, 섬기는 자이다.

마 20:26~28 "너희 중에는 그렇지 않아야 하나니 너희 중에 누구든지 크고자 하는 자는 너희를 섬기는 자가 되고 너희 중에 누구든지 으뜸이 되고자 하는 자는 너희의 종이 되어야 하리라 인자가 온 것은 섬김을 받으려 함이 아니라 도리어 섬기려 하고 자기 목숨을 많은 사람의 대속물로 주려 함이니라"

교회 직분자는 종, 하인, 섬기는 자로 일해야 한다. 천국의 상은 교회의 직분이 주는 것이 아니며 자신의 행위적 신분으로 받는다.

제7부

그리스도인의 신분

1. 법적 신분

1) 하나님의 자녀

요 1:12 "영접하는 자 곧 그 이름을 믿는 자들에게는 하나님의 자녀가 되는 권세를 주셨으니"

2) 하나님의 맏아들

롬 8:29 "하나님이 미리 아신 자들을 또한 그 아들의 형상을 본받게 하기 위하여 미리 정하셨으니 이는 그로 많은 형제 중에서 맏아들이 되게 하려 하심이니라"

3) 양자의 영

롬 8:15 "너희는 다시 무서워하는 종의 영을 받지 아니하고 양자의 영을 받았으므로 우리가 아빠 아버지라고 부르짖느니라"

갈 4:6 "너희가 아들이므로 하나님이 그 아들의 영을 우리 마음 가운데 보내사 아빠 아버지라 부르게 하셨느니라"

4) 예수 그리스도의 형제

고후 1:1 "하나님의 뜻으로 말미암아 그리스도 예수의 사도 된 바

울과 형제 디모데는 고린도에 있는 하나님의 교회와 또 온 아가야에
있는 모든 성도에게"

5) 하나님의 상속자

딛 3:7 "우리로 그의 은혜를 힘입어 의롭다 하심을 얻어 영생의 소
망을 따라 상속자가 되게 하려 하심이라"

갈 3:29 "너희가 그리스도의 것이면 곧 아브라함의 자손이요 약속
대로 유업을 이을 자니라"

갈 4:7 "그러므로 네가 이 후로는 종이 아니요 아들이니 아들이면
하나님으로 말미암아 유업을 받을 자니라"

엡 3:6 "이는 이방인들이 복음으로 말미암아 그리스도 예수 안에
서 함께 상속자가 되고 함께 지체가 되고 함께 약속에 참여하는 자
가 됨이라"

롬 8:17 "자녀이면 또한 상속자 곧 하나님의 상속자요 그리스도와
함께 한 상속자니 우리가 그와 함께 영광을 받기 위하여 고난도 함
께 받아야 할 것이니라"

2. 행위적 신분

1) 성화된 성도(聖徒) *a Christian, Saint*

고전 1:2 "고린도에 있는 하나님의 교회 곧 그리스도 예수 안에서 거룩하여지고 성도라 부르심을 받은 자들과 또 각처에서 우리의 주 곧 그들과 우리의 주 되신 예수 그리스도의 이름을 부르는 모든 자들에게"

2) 선행한 의인(義人)

(1) 가라지 비유에서 죄짓게 하는 자, 불법을 행하는 자들은 풀무불에 던져 넣으며 의인들은 해같이 빛난다.

마 13:41~43 "인자가 그 천사들을 보내리니 그들이 그 나라에서 모든 넘어지게 하는 것과 또 불법을 행하는 자들을 거두어 내어 풀무불에 던져 넣으리니 거기서 울며 이를 갈게 되리라 그 때에 의인들은 자기 아버지 나라에서 해와 같이 빛나리라 귀 있는 자는 들으라"

(2) 양과 염소의 비유 가운데 선행한 자들은 의인으로 영생에, 선행하지 않은 자들은 영벌, 영원한 불에 떨어진다.

마 25:46 "그들은 영벌에, 의인들은 영생에 들어가리라 하시니라"

의인들은 무슨 선행을 하였는가?

마 25:35~36 "내가 주릴 때에 너희가 먹을 것을 주었고 목마를 때에 마시게 하였고 나그네 되었을 때에 영접하였고 헐벗었을 때에 옷을 입혔고 병들었을 때에 돌보았고 옥에 갇혔을 때에 와서 보았느니라"

우리의 선행 대상은 누구인가?

마 25:40 "임금이 대답하여 이르시되 내가 진실로 너희에게 이르노니 너희가 여기 내 형제 중에 지극히 작은 자 하나에게 한 것이 곧 내게 한 것이니라 하시고"

약 1:27 "하나님 아버지 앞에서 정결하고 더러움이 없는 경건은 곧 고아와 과부를 그 환난중에 돌보고 또 자기를 지켜 세속에 물들지 아니하는 그것이니라"

가난한 지역에 와서 개척하여 처음부터 그들과 함께 생활하였으며 하늘의 상을 바라보고 달려가고 있다. 봉사 내역은 다음과 같다.

노인

ⅰ. 아파트 노인정에 외로운 노인들에게 매년 추수감사절에는 구제미 드리기

ⅱ. 지역 어르신 식사 대접, 설날 떡국 끓여드리기, 여름철 삼계탕 끓여드리기

ⅲ. 지역 노인 분들 여름철 해수욕하기

어린이

ⅰ. 지역 어린이들 수영장 함께 가기

ⅱ. 어린이 문화공연 인형극 관람하기

ⅲ. 지역 어린이집, 유치원과 교회 수영장 공유하기

ⅳ. 모 기업 후원 지역 어린이 학용품 나누기

학생(초, 중, 고)

  ⅰ. 교회에서 중, 고생 영어, 수학 과외하기

  ⅱ. 매년 초, 중, 고, 대학진학생 진학축하금 전달하기

지역 주민

  ⅰ. 지역 주민 초청 오케스트라 공연하기

  ⅱ. 교회 주차장 평일 개방 지역 공유하기

  ⅲ. 소외계층 동계 김장 나누기

  ⅳ. 부활절 군 계란 지역 주민 나누기

  ⅴ. 저소득층 장례식 치러 드리기

선교

  ⅰ. 미자립 개척교회 성미 나누기

  ⅱ. 요양병원 원목 봉사

국가

  ⅰ. 세월호 참사 구호비 동참하기

  ⅱ. 군부대 성탄 선물 보내기

3) 왕 같은 제사장

벧전 2:9 "그러나 너희는 택하신 족속이요 왕 같은 제사장들이요 거룩한 나라요 그의 소유가 된 백성이니 이는 너희를 어두운 데서 불러내어 그의 기이한 빛에 들어가게 하신 이의 아름다운 덕을 선포하게 하려 하심이라"

공동번역 벧전 2:9 "그러나 여러분은 ① 선택된 민족이고 ② 왕의

사제들이며 거룩한 겨레이고 하느님의 소유가 된 백성입니다. 그러므로 여러분은 어두운 데서 여러분을 불러내어 그 놀라운 빛 가운데로 인도해 주신 하느님의 놀라운 능력을 널리 찬양해야 합니다. / ① 신 7:6, 10:15; 사 43:20. ② 출 19:5~6; 사 61:6."

킹제임스 흠정역 벧전 2:9 "그러나 너희는 선정된 세대요 왕가의 제사장이요 거룩한 민족이요 특별한 백성이니 이것은 너희를 어둠에서 불러내어 자신의 놀라운 빛으로 들어가게 하신 분께 대한 찬양을 너희가 전하게 하려 하심이라."

(1) 구약 제사장의 규례는 어떠하였는가?(레 21장)

i. 제사장은 죽은 자 가운데 친부모, 자녀, 형제, 처녀인 자매는 가하나 그 외에는 죽은 자를 만지지 말아야 한다.

레 21:1~3 "여호와께서 모세에게 이르시되 아론의 자손 제사장들에게 말하여 이르라 그의 백성 중에서 죽은 자를 만짐으로 말미암아 스스로를 더럽히지 말려니와 그의 살붙이인 그의 어머니나 그의 아버지나 그의 아들이나 그의 딸이나 그의 형제나 출가하지 아니한 처녀인 그의 자매로 말미암아서는 몸을 더럽힐 수 있느니라"

ii. 제사장은 머리털, 수염, 살을 베지 말아야 한다.

레 21:5 "제사장들은 머리털을 깎아 대머리 같게 하지 말며 자기의 수염 양쪽을 깎지 말며 살을 베지 말고"

iii. 제사장은 창녀, 이혼당한 여인을 취하지 말아야 한다.

레 21:7 "그들은 부정한 창녀나 이혼 당한 여인을 취하지 말지니 이는 그가 여호와 하나님께 거룩함이니라"

가. 제사장은 처녀와 결혼하여 그의 자손을 거룩하게 한다.
레 21:13~15 "그는 처녀를 데려다가 아내를 삼을지니 과부나 이혼 당한 여자나 창녀 짓을 하는 더러운 여인을 취하지 말고 자기 백성 중에서 처녀를 취하여 아내를 삼아 그의 자손이 그의 백성 중에서 속되게 하지 말지니 나는 그를 거룩하게 하는 여호와임이니라"

iv. 제사장의 딸이 행음하면 아버지를 속되게 함이니 화형에 처한다.
레 21:9 "어떤 제사장의 딸이든지 행음하여 자신을 속되게 하면 그의 아버지를 속되게 함이니 그를 불사를지니라"

v. 제사장은 성소에서 나오지 말며 하나님의 성소를 속되게 하지 말아야 한다.
레 21:12 "그 성소에서 나오지 말며 그의 하나님의 성소를 속되게 하지 말라 이는 하나님께서 성별하신 관유가 그 위에 있음이니라 나는 여호와이니라"

vi. 제사장은 아론의 자손 중 흠이 있는 자는 제사장이 될 수 없다.
레 21:18~21 "누구든지 흠이 있는 자는 가까이 하지 못할지니 곧 맹인이나 다리 저는 자나 코가 불완전한 자나 지체가 더한 자나 발 부러진 자나 손 부러진 자나 등 굽은 자나 키 못 자란 자나 눈에 백막이 있는 자나 습진이나 버짐이 있는 자나 고환 상한 자나 제사장 아론의 자손 중에 흠이 있는 자는 나와 여호와께 화제를 드리지 못할지니 그는 흠이 있은즉 나와서 그의 하나님께 음식을 드리지 못하느니라"

vii. 제사장은 자신을 더럽혀 속되게 하지 말아야 한다.

레 21:4 "제사장은 그의 백성의 어른인즉 자신을 더럽혀 속되게 하지 말지니라"

요일 3:9 "하나님께로부터 난 자마다 죄를 짓지 아니하나니 이는 하나님의 씨가 그의 속에 거함이요 그도 범죄 하지 못하는 것은 하나님께로부터 났음이라"

4) 영원한 왕(王)

계 22:5 "다시 밤이 없겠고 등불과 햇빛이 쓸 데 없으니 이는 주 하나님이 그들에게 비치심이라 그들이 세세토록 왕 노릇 하리로다"

현대인의 성경 계 22:5 "거기에는 더 이상 밤이 없을 것이며 등불이나 햇빛이 필요 없을 것입니다. 이것은 하나님이 그들에게 빛을 주실 것이기 때문입니다. 거기서 그들은 영원히 왕처럼 살 것입니다."

(1) 이스라엘왕의 자격은 어떠하였는가?(신 17:14~20)

ⅰ. 야훼께서 택하신 자가 왕이 되어야 한다.

"반드시 네 하나님 여호와께서 택하신 자를 네 위에 왕으로 세울 것이며 네 위에 왕을 세우려면 네 형제 중에서 한 사람을 할 것이요 네 형제 아닌 타국인을 네 위에 세우지 말 것이며"(신 17:15)

ⅱ. 왕이 되면 병마를 왜 많이 두지 말라고 하셨을까?

“그는 병마를 많이 두지 말 것이요 병마를 많이 얻으려고 그 백성을 애굽으로 돌아가게 하지 말 것이니 이는 여호와께서 너희에게 이르시기를 너희가 이 후에는 그 길로 다시 돌아가지 말 것이라 하셨음이며”(신 17:16)

삼상 17:47 “또 여호와의 구원하심이 칼과 창에 있지 아니함을 이 무리에게 알게 하리라 전쟁은 여호와께 속한 것인즉 그가 너희를 우리 손에 넘기시리라”

iii. 왕은 아내를 많이 두지 말라고 하셨다.

“그에게 아내를 많이 두어 그의 마음이 미혹되게 하지 말 것이며 자기를 위하여 은금을 많이 쌓지 말 것이니라”(신 17:17)

남유다의 3대왕인 솔로몬은 이방인과 통혼함으로 후궁이 칠백 명, 첩이 삼백 명이었다. 후에 이방신을 섬기게 되어 나라를 자기 신하에게 빼앗긴다.

“솔로몬 왕이 바로의 딸 외에 이방의 많은 여인을 사랑하였으니 곧 모압과 암몬과 에돔과 시돈과 헷 여인이라 여호와께서 일찍이 이 여러 백성에 대하여 이스라엘 자손에게 말씀하시기를 너희는 그들과 서로 통혼하지 말며 그들도 너희와 서로 통혼하게 하지 말라 그들이 반드시 너희의 마음을 돌려 그들의 신들을 따르게 하리라 하셨으나 솔로몬이 그들을 사랑하였더라 왕은 후궁이 칠백 명이요 첩이 삼백 명이라 그의 여인들이 왕의 마음을 돌아서게 하였더라 솔로몬의 나이가 많을 때에 그의 여인들이 그의 마음을 돌려 다른 신들을 따르게 하였으므로 왕의 마음이 그의 아버지 다윗의 마음과 같지 아니하여 그의 하나님 여호와 앞에 온전하지 못하였으니”(왕상 11:1~4)

르무엘 왕을 위한 그의 어머니의 훈계는 무엇인가?

잠 31:3 "네 힘을 여자들에게 쓰지 말며 왕들을 멸망시키는 일을 행하지 말지어다"

iv. 왕은 은금을 많이 쌓지 말라고 하신다.

신 17:17b "~자기를 위하여 은금을 많이 쌓지 말 것이니라"

사사 사무엘의 청렴성은?

삼상 12:3~4 "내가 여기 있나니 여호와 앞과 그의 기름 부음을 받은 자 앞에서 내게 대하여 증언하라 내가 누구의 소를 빼앗았느냐 누구의 나귀를 빼앗았느냐 누구를 속였느냐 누구를 압제하였느냐 내 눈을 흐리게 하는 뇌물을 누구의 손에서 받았느냐 그리하였으면 내가 그것을 너희에게 갚으리라 하니 그들이 이르되 당신이 우리를 속이지 아니하였고 압제하지 아니하였고 누구의 손에서든지 아무것도 빼앗은 것이 없나이다 하니라"

v. 왕은 율법서를 평생에 읽고 하나님을 경외하며 율법과 규례를 잘 지켜야 한다.

신 17:18~19 "그가 왕위에 오르거든 이 율법서의 등사본을 레위 사람 제사장 앞에서 책에 기록하여 평생에 자기 옆에 두고 읽어 그의 하나님 여호와 경외하기를 배우며 이 율법의 모든 말과 이 규례를 지켜 행할 것이라"

vi. 왕이 교만한 마음을 버리면 왕위가 장구하리라고 하셨다.

신 17:20 "그리하면 그의 마음이 그의 형제 위에 교만하지 아니하고 이 명령에서 떠나 좌로나 우로나 치우치지 아니하리니 이스라엘 중에서 그와 그의 자손이 왕위에 있는 날이 장구하리라"

(2) 예수 그리스도께서 십자가 사건에서 승리하신 후 하나님 보좌 옆에 앉은 것처럼 우리도 이기면 예수의 보좌에 함께 앉게 된다.

계 3:21 "이기는 그에게는 내가 내 보좌에 함께 앉게 하여 주기를 내가 이기고 아버지 보좌에 함께 앉은 것과 같이 하리라"

롬 5:17 "한 사람의 범죄로 말미암아 사망이 그 한 사람을 통하여 왕 노릇 하였은즉 더욱 은혜와 의의 선물을 넘치게 받는 자들은 한 분 예수 그리스도를 통하여 생명 안에서 왕 노릇 하리로다"

(3) 천년왕국 시 그리스도와 함께 왕으로서 다스리게 된다.

계 20:6 "이 첫째 부활에 참여하는 자들은 복이 있고 거룩하도다 둘째 사망이 그들을 다스리는 권세가 없고 도리어 그들이 하나님과 그리스도의 제사장이 되어 천 년 동안 그리스도와 더불어 왕 노릇 하리라"

현대인의 성경 계 20:6 "이 첫째 부활에 참여하는 사람은 행복하고 거룩한 사람입니다. 이들은 둘째 죽음의 지배를 받지 않고 하나님과 그리스도의 제사장이 되어 천 년 동안 그리스도와 함께 왕으로서 다스릴 것입니다."

(4) 열 므나를 남긴 자는 열 고을을 다스리는 권세를 받는다.

눅 19:16~17 "그 첫째가 나아와 이르되 주인이여 당신의 한 므나로 열 므나를 남겼나이다 주인이 이르되 잘하였다 착한 종이여 네가 지극히 작은 것에 충성하였으니 열 고을 권세를 차지하라 하고"

3. 부끄러운 구원

　신성종 목사님의 『내가 본 지옥과 천국』에서 천국은 원형으로 생겼는데 12계단으로 되어 있었고 공로에 따라 계단이 달랐다고 한다. 부끄러운 구원을 받은 자들은 11번째 계단에 있었다.

　"열한 번째 줄에 서있는 사람들은 평생 믿기는 하였으나 주님을 위해 아무것도 한 것이 없는 성도들이었다. 그들은 구원은 받았으나 부끄러운 구원을 받은 자들이라 의와 생명의 관을 쓰기는 하였으나 그들의 두른 띠는 동으로 된 것이었다. 그들은 '아멘' 만을 연발하면서 하나님을 찬양하고 있었다. 천국의 공통적인 감사와 기쁨이 있었고, 감사와 찬양이 있었다."**20**

　그러면 누가 성서에서 부끄러운 구원을 받았는가? 예수께서 십자가에 못 박히셨을 때

　좌우에 두 행악자가 사형수였는데 그 중 한 명을 말하는 것이다. 그러면 그가 어떻게 구원을 받은 것인가?(눅 23:39~43)

　ⅰ. 하나님을 경외하는 자였다.

　40절 "하나는 그 사람을 꾸짖어 이르되 네가 동일한 정죄를 받고서도 하나님을 두려워하지 아니하느냐"(달린 행악자 중 하나가 비방하여 이르되 네가 그리스도가 아니냐 너와 우리를 구원하라 할 때에 구원받은 한 사람은 상대를 꾸짖었다.)

　ⅱ. 예수님을 의롭다고 고백하였다.

20　신성종, 『내가 본 지옥과 천국』, 크리스찬 서적, 2011, p177

41절 "우리는 우리가 행한 일에 상당한 보응을 받는 것이니 이에 당연하거니와 이 사람이 행한 것은 옳지 않은 것이 없느니라 하고"

iii. 자기를 구원해 달라 요청하였다.

42절 "이르되 예수여 당신의 나라에 임하실 때에 나를 기억하소서 하니"

iv. 예수의 응답을 받았다.

43절 "예수께서 이르시되 내가 진실로 네게 이르노니 오늘 네가 나와 함께 낙원에 있으리라 하시니라"

한국 교회의 내적인 적 첫 번째가 교회의 세속화다. 16년 전 개척 당시에는 금요일이 되면 아파트에서 각 교회의 구역예배 찬송 소리가 울려 퍼졌다. 지금은 그 명맥을 간신히 유지하고 있는 형편이다. 그것은 소그룹 리더들이 다 직장에 다니기 때문이다. 모 교회 원로 목사님께서 은퇴 전 메시지의 주제가 '십자가의 원수'이셨다. 과연 오늘날 교인 가운데 몇 %나 구원 받을 수 있을까?

1) 세속화에 눌리어 사명을 잃어버린 직분자가 어떻게 될까?

(1) 신(神)은 배(腹)*Stomach, belly*요, 땅의 일만 생각하는 자이다.

빌 3:19 "그들의 마침은 멸망이요 그들의 신은 배요 그 영광은 그들의 부끄러움에 있고 땅의 일을 생각하는 자라"

현대인의 성경 빌 3:19 "그들의 마지막은 멸망입니다. 그들은 육체의 욕망을 자기들의 신으로 삼고 수치를 영광으로 알며 세상적인 일만 생각합니다."

(2) 세상의 벗 됨은 하나님의 원수이다.

약 4:4 "간음한 여인들아 세상과 벗된 것이 하나님과 원수 됨을 알지 못하느냐 그런즉 누구든지 세상과 벗이 되고자 하는 자는 스스로 하나님과 원수 되는 것이니라"

나는 하나님의 벗인가? 나는 하나님의 원수인가?

(3) 세상을 사랑하면 하나님의 사랑이 없다.

요일 2:15 "이 세상이나 세상에 있는 것들을 사랑하지 말라 누구든지 세상을 사랑하면 아버지의 사랑이 그 안에 있지 아니하니"

(4) 육체대로 사는 삶은 지나간 때로 족하다. 하나님의 뜻을 따라 육체의 남은 때를 살아야 한다.

벧전 4:2~3 "그 후로는 다시 사람의 정욕을 따르지 않고 하나님의 뜻을 따라 육체의 남은 때를 살게 하려 함이라 너희가 음란과 정욕과 술취함과 방탕과 향락과 무법한 우상 숭배를 하여 이방인의 뜻을 따라 행한 것은 지나간 때로 족하도다"

(5) 씨 뿌리는 비유 중 가시떨기에 떨어진 씨앗은 세상의 염려와 재물의 유혹에 말씀이 막혀 결실하지 못하는 자를 가리키는 것이다.

마 13:22 "가시떨기에 뿌려졌다는 것은 말씀을 들으나 세상의 염려와 재물의 유혹에 말씀이 막혀 결실하지 못하는 자요"

네 가지 밭 중 결실한 것은 좋은 땅에서 25%만 100배, 60배, 30배 결실하게 된다.

2) 예수를 믿어 구원은 받았으나 기도하지 않고, 말씀을 읽지도 않고, 옳은 행실이 없는 그리스도인은 어떻게 하여야 할까?

(1) 늘 깨어 기도와 말씀에 충실하며 옳은 행실을 하며 주님 오실 때 부끄러운 구원 받지 않아야 한다.

계 16:15 "보라 내가 도둑 같이 오리니 누구든지 깨어 자기 옷을 지켜 벌거벗고 다니지 아니하며 자기의 부끄러움을 보이지 아니하는 자는 복이 있도다"

계 19:8 "그에게 빛나고 깨끗한 세마포 옷을 입도록 허락하셨으니 이 세마포 옷은 성도들의 옳은 행실이로다 하더라"

(2) 다니엘서의 부끄러운 구원은 무엇인가?

단 12:2 "땅의 티끌 가운데에서 자는 자 중에서 많은 사람이 깨어나 영생을 받는 자도 있겠고 수치를 당하여서 영원히 부끄러움을 당할 자도 있을 것이며"

예수님 공중 재림 시 그리스도인의 첫 부활이 이루어질 때 부활하여 영생을 받는 자도 있고 부활하지 못해 영원한 수치와 부끄러움을 당할 자도 있다는 것이다. 그러므로 본문에서 부끄러움을 당할 자는 영원한 지옥이다.

제8부

온전함은 하나님의 선물

1. 예수의 피가 영원히 온전케 하셨다

"그가 거룩하게 된 자들을 한 번의 제사로 영원히 온전하게 하셨느니라"(히 10:14)

공동번역 히 10:14 "그분은 단 한 번 당신 자신을 바치심으로써 거룩하게 만드신 사람들을 영원히 완전하게 해주셨습니다."

2. 온전함은 하나님의 선물

"온갖 좋은 은사와 온전한 선물이 다 위로부터 빛들의 아버지께로 부터 내려오나니 그는 변함도 없으시고 회전하는 그림자도 없으시니라"(약 1:17)

공동번역 약 1:17 "온갖 훌륭한 은혜와 모든 완전한 선물은 위로부터 오는 것입니다. 하늘의 빛들을 만드신 아버지께로부터 내려오는 것입니다. 하느님 아버지는 변함도 없으시고 우리를 외면하심으로써 그늘 속에 버려두시는 일도 없으십니다."

3. 온전한 그리스도인은 말씀과 기도에 힘써야 한다

"하나님의 말씀과 기도로 거룩하여짐이라"(딤전 4:5)

인간은 하나님과의 관계에서 누구나 의롭게 살려고 하고 거룩한 성화의 삶을 소망한다. 그러나 그것이 하루아침에 되지 않는다. 그렇다고 해서 낙심하지 말고 다시 일어나야 한다. 그것이 인생이다.

"이 약속을 지키기는 참으로 어렵다. 신의 뜻과 계명대로 살겠다고 마음속에 굳은 약속을 하지만 유한자(有限者)인 인간은 수없이 좌절하고 여러 번 통회(痛悔)하게 된다. 이것이 인간이다. 파스칼의 말과 같이 인간은 신음(呻吟)하면서 신에게 점진적으로 접근할 따름이다."21

그러므로 온전한 그리스도인이 되는 것은 우리의 심령을 예수 그리스도의 피로 씻고 매일같이 기도함으로 성령의 새롭게 하심을 받아야 하며 성령을 풍성히 부어 주사 성령 충만할 때 가능한 것이다. 철저히 하나님의 은혜요, 하나님의 선물이다.

"우리를 구원하시되 우리가 행한 바 의로운 행위로 말미암지 아니하고 오직 그의 긍휼하심을 따라 중생의 씻음과 성령의 새롭게 하심으로 하셨나니 우리 구주 예수 그리스도로 말미암아 우리에게 그 성령을 풍성히 부어 주사 우리로 그의 은혜를 힘입어 의롭다 하심을 얻어 영생의 소망을 따라 상속자가 되게 하려 하심이라"(딛 3:5~7)

---

21 안병욱, 『삶의 길목에서』, 자유문학사, 1982, p62

4. 존 웨슬레(*John Wesley*)와 존 칼빈(*John Calvin*)의 궁극적인 성화[22]

1) 존 웨슬레(John Wesley)의 궁극적인 성화는 무엇인가?

웨슬레(John Wesley)는 궁극적인 성화에 대하여 다음과 같이 말하였다. "성화는 죄에 대한 죽음인가? 순간적인 것인가? 사람은 얼마 동안 죽을 수도 있으리라. 그러나 정확히 말하면 그는 영혼과 육체가 분열될 순간까지는 온전히 죽을 수는 없다. 육체와 영혼이 분리되는 순간에 그는 영원히 살게 되는 것이다. 이와 마찬가지로 그는 죄에 대하여 얼마 동안을 죽을 수 있으나 죄가 그의 영혼으로부터 완전히 분리될 때까지는 그는 죄에 대하여 완전히 죽는 것이 아니다. 어떻게 우리들은 이와 같은 변화를 기다려야 하는가? 무질서하고 부주의한 생활을 할 것이 아니라 열심히 하나님의 계명을 순종하고 지키며 경성하여 자기 자신을 부인하고 날마다 십자가를 지며 살아야 한다. 또한 열심히 금식하고 기도하며 하나님의 계명을 지키도록 노력해야 한다. 이 밖에 다른 방법으로 성화에 도달하려고 시도한다면 그는 자기 자신의 영혼을 기만하는 것이 된다."라고 하였다.

2) 존 칼빈(John Calvin)의 궁극적인 성화는 무엇인가?

존 칼빈(John Calvin)도 신자의 완전한 성화를 강조하면서 다음과 같이 말하고 있다. "하나님께서 그리스도의 의를 통하여 우리들과 화목을 누리게 되었을 때 그는 우리의 죄를 사하여 주심으로써 우리를 의롭다고 인정하셨다. 그는 또한 그의 성령을 통하여 우리들 속

---

22 박정열, 『오순절신학』, 숭신대학교, 1996, p148

에 거하시면서 그의 능력으로 우리를 거룩하게 만들며 우리들이 마음으로 하나님의 말씀에 순종할 수 있도록 하기 위하여 육체의 정욕을 억제하신다. 이렇게 함으로써 우리들은 그의 뜻을 순종하고 그에게 영광 돌리기를 간절히 원하게 된다. 그러나 이와 같은 일이 있는 후에도 우리들 속에는 아직 불완전성이 남아 있기 때문에 우리들은 교만한 마음을 억제하고 겸손해지도록 노력해야 한다."라고 역설하였다.

3) 위 두 사람의 궁극적인 성화는 영혼이 분리되는 순간까지는 불가능하며 늘 깨어 하나님의 말씀을 지키도록 노력해야 하며 기도와 금식, 성령 충만하여 육체의 정욕을 하나님의 말씀에 복종시켜 죄로부터 자유를 선포하며 겸손히 신앙생활을 할 때 가능하다고 본다.

제9부

온전한 그리스도인
&
성공한 그리스도

세속의 인생들은 술, 여자, 돈을 좋아한다. 또한 물질적인 성공을 좋아한다. 물론 거듭나기 이전의 일일 것이다.

사람들은 기본적으로 욕심이 있다.

"그러므로 염려하여 이르기를 무엇을 먹을까 무엇을 마실까 무엇을 입을까 하지 말라 이는 다 이방인들이 구하는 것이라 너희 하늘 아버지께서 이 모든 것이 너희에게 있어야 할 줄을 아시느니라"

(마 6:31~32)

하나님께서도 인정하신다.

식욕, 성욕, 물욕, 권력욕 그리고 명예욕 하나님께서 다 아신다. 또한 각자에게 조금씩 성향은 다르지만 모든 사람에게 존재하고 있다.

세상도 추구하는 것이 같다.

"이는 세상에 있는 모든 것이 육신의 정욕과 안목의 정욕과 이생의 자랑이니 다 아버지께로부터 온 것이 아니요 세상으로부터 온 것이라 이 세상도, 그 정욕도 지나가되 오직 하나님의 뜻을 행하는 자는 영원히 거하느니라"(요일 2:16~17)

그런데 이런 것들이 다 지나가고 영원한 천국을 소망하는 사람들이 왜 여기에 자유롭지 못할까? 그것은 성공한 그리스도인을 원하고 있기 때문이다. 목회도 크게 다르지 않다. 큰 교회를 건축하고 많은 교인이 모이면 성공한 목회자라고 사람들이 부르고 극진한 예우를 세상으로부터 받게 된다. 그러나 만약 그가 천국을 믿고 내세에 심판을 믿는다고 생각한다면 다음의 다섯 가지 질문에 진지한 답을 하여야만 할 것이다.

1. 진실한 마음

"너희가 서로 거짓말을 하지 말라 옛 사람과 그 행위를 벗어 버리고 새 사람을 입었으니 이는 자기를 창조하신 이의 형상을 따라 지식에까지 새롭게 하심을 입은 자니라"(골 3:9~10)

현대인의 성경(골 3:9~10) "여러분은 서로 거짓말을 하지 마십시오. 옛날의 여러분은 이미 죽었고 이제는 새사람이 되었습니다. 이 새사람은 여러분 안에 새 생명을 창조하신 하나님의 모습을 따라 참된 지식에 이르도록 새롭게 되어가고 있습니다."

당신은 지금 입을 열어 말은 하지만 그것이 진실인지 아니면 입을 열어 또 다른 욕심을 채우고 있지 않은가? 남을 속이는 것을 성령께서 주시는 지혜라고 생각하지 말라! 진리는 참이다. 지혜보다 진실은 더 강하다.

2. 자기 십자가를 져야 한다

"무리와 제자들을 불러 이르시되 누구든지 나를 따라오려거든 자기를 부인하고 자기 십자가를 지고 나를 따를 것이니라 누구든지 자기 목숨을 구원하고자 하면 잃을 것이요 누구든지 나와 복음을 위하여 자기 목숨을 잃으면 구원하리라 사람이 만일 온 천하를 얻고도 자기 목숨을 잃으면 무엇이 유익하리요 사람이 무엇을 주고 자기 목숨과 바꾸겠느냐"(막 8:34~37)

한신교회 고(故) 이중표 목사님은 별세신학을 발표하시고 삶을 그렇게 사셨다. 예수님께서도 제자들과 변화산상에서 영광스러움 가운데서 자신의 죽음을 말씀하셨다.

"영광중에 나타나서 장차 예수께서 예루살렘에서 별세하실 것을 말할 새"(눅 9:31)

"내가 그리스도와 함께 십자가에 못 박혔나니 그런즉 이제는 내가 사는 것이 아니요 오직 내 안에 그리스도께서 사시는 것이라 이제 내가 육체 가운데 사는 것은 나를 사랑하사 나를 위하여 자기 자신을 버리신 하나님의 아들을 믿는 믿음 안에서 사는 것이라"(갈 2:20)

고전 15:31 "형제들아 내가 그리스도 예수 우리 주 안에서 가진 바 너희에 대한 나의 자랑을 두고 단언하노니 나는 날마다 죽노라"

오늘 두 번째 질문에 답을 못하면 성공한 그리스도인은 될 수 있지만 온전한 그리스도인은 불가능하다.

3. 소유욕을 버려야 한다

율법의 의를 자신 있게 말하는 자에게 예수님은 가장 무거운 질문을 던지셨다.

"예수께서 이르시되 네가 온전하고자 할진대 가서 네 소유를 팔아 가난한 자들에게 주라 그리하면 하늘에서 보화가 네게 있으리라 그리고 와서 나를 따르라 하시니 그 청년이 재물이 많으므로 이 말씀을 듣고 근심하며 가니라 예수께서 제자들에게 이르시되 내가 진실로 너희에게 이르노니 부자는 천국에 들어가기가 어려우니라"

(마 19:21~23)

계명을 지키면 구원받은 줄 알고 신앙 생활하였는데 소유를 팔아 가난한 자에게 주고 예수를 따르라고 한 말씀에 그는 예수를 떠나고 말았다.

예수님께서는 소유가 천국 가는 데 장애물이 될 수 있다고 말씀하셨다.

"예수께서 제자들에게 이르시되 내가 진실로 너희에게 이르노니 부자는 천국에 들어가기가 어려우니라 다시 너희에게 말하노니 낙타가 바늘귀로 들어가는 것이 부자가 하나님의 나라에 들어가는 것보다 쉬우니라 하시니"(마 19:23~24)

성서에 나오는 여리고의 세리장 삭개오는 자신의 소유를 절반 처분함으로 회개하여 가족 구원과 아브라함의 자손의 신분을 회복하였다.

"삭개오가 서서 주께 여짜오되 주여 보시옵소서 내 소유의 절반을 가난한 자들에게 주겠사오며 만일 누구의 것을 속여 빼앗은 일이 있으면 네 갑절이나 갚겠나이다 예수께서 이르시되 오늘 구원이 이 집에 이르렀으니 이 사람도 아브라함의 자손임이로다"(눅 19:8~9)

나는 부자 청년인가?

나는 세리장 삭개오인가?

"돈에 대해서 말한다면 돈이 모일수록 자선을 베풀어야만 된다. 유대인 사회는 세상에서 가장 자선을 강조하는 사회이다. 이것은 어린 시절부터 자선용 저금통을 채워 가면서 자선의 가르침을 받아 왔기 때문이다."[23]

유대인인 사도 바울은 구제에 대하여 본래부터 힘써 왔다고 말한다.

"다만 우리에게 가난한 자들을 기억하도록 부탁하였으니 이것은 나도 본래부터 힘써 행하여 왔노라"(갈 2:10)

이름을 내는 작은 구제나, 명분이 있는 곳에는 다 서로 쓰려고 싸울 형편이다. 그런데 결정적인 순간 나는 드릴 수가 있을까? 생각해 본다.

---

23 마빈 토케이어 「탈무드」 도서출판 다모아 1993. p332

4. 원수를 사랑해야 한다

1) 예수님의 말씀하신 온전함은 무엇인가?

마 5:48 "그러므로 하늘에 계신 너희 아버지의 온전하심과 같이 너희도 온전하라"

예수님이 말씀하신 온전함은 원수까지도 사랑해야 할 것을 말씀하신다.

2) 모든 원수 사랑은 희생이 따른다.

마 5:38~44 "또 눈은 눈으로, 이는 이로 갚으라 하였다는 것을 너희가 들었으나 나는 너희에게 이르노니 악한 자를 대적하지 말라 누구든지 네 오른편 뺨을 치거든 왼편도 돌려 대며 또 너를 고발하여 속옷을 가지고자 하는 자에게 겉옷까지도 가지게 하며 또 누구든지 너로 억지로 오 리를 가게 하거든 그 사람과 십 리를 동행하고 네게 구하는 자에게 주며 네게 꾸고자 하는 자에게 거절하지 말라 또 네 이웃을 사랑하고 네 원수를 미워하라 하였다는 것을 너희가 들었으나 나는 너희에게 이르노니 너희 원수를 사랑하며 너희를 박해하는 자를 위하여 기도하라"

나의 존경하는 목사님께서도 하나님 말씀 가운데 가장 지키기 힘든 말씀이라고 하신 바 있다.

3) 상(賞) 받을 자로 살아야 한다.

마 5:46~47 "너희가 너희를 사랑하는 자를 사랑하면 무슨 상이 있으리요 세리도 이같이 아니하느냐 또 너희가 너희 형제에게만 문안

하면 남보다 더하는 것이 무엇이냐 이방인들도 이같이 아니하느냐"

세리와 이방인과 같이 나를 사랑하는 자를 사랑하며 나의 형제끼리만 문안하면 무슨 상이 있겠는가?

5. 나를 본받는 자가 되라고 할 수 있는가?

1) 사도 바울은 고린도교회에 나를 본받는 자가 되라고 자신 있게 말하고 있다. 그는 아버지처럼 그들을 낳았다는 것이다.

고전 4:15 "그리스도 안에서 일만 스승이 있으되 아버지는 많지 아니하니 그리스도 예수 안에서 내가 복음으로써 너희를 낳았음이라 그러므로 내가 너희에게 권하노니 너희는 나를 본받는 자가 되라"

2) 사도 바울은 결혼 생활에 있어서 자신처럼 독신으로 사는 것을 본받으라고 권면한다.

고전 7:7~8 "나는 모든 사람이 나와 같기를 원하노라 그러나 각각 하나님께 받은 자기의 은사가 있으니 이 사람은 이러하고 저 사람은 저러하니라 내가 결혼하지 아니한 자들과 과부들에게 이르노니 나와 같이 그냥 지내는 것이 좋으니라"

3) 사도 바울은 자신의 유익을 구하지 아니하고 많은 사람의 유익을 구하여 그들로 구원받게 하는 자신을 본받으라고 명령한다.

고전 10:33~11:1 "나와 같이 모든 일에 모든 사람을 기쁘게 하여 자신의 유익을 구하지 아니하고 많은 사람의 유익을 구하여 그들로 구원을 받게 하라 내가 그리스도를 본받는 자가 된 것 같이 너희는 나를 본받는 자가 되라"

4) 데살로니가교회는 많은 환난 가운데서 성령의 기쁨으로 말씀을 받아 공동저자인 바울, 실루아노, 디모데와 주를 본받는 자가 되어 마게도냐와 아가야에 있는 믿는 자의 본이 되었다.

살전 1:6~7 "또 너희는 많은 환난 가운데서 성령의 기쁨으로 말씀을 받아 우리와 주를 본받은 자가 되었으니 그러므로 너희가 마게도냐와 아가야에 있는 모든 믿는 자의 본이 되었느니라"

5) 예수님께서 바울에게 오래 참으심의 본이 된 것은 바울 자신이 영생 얻는 자에게 본이 되기 위함이었다.

딤전 1:16 "그러나 내가 긍휼을 입은 까닭은 예수 그리스도께서 내게 먼저 일체 오래 참으심을 보이사 후에 주를 믿어 영생 얻는 자들에게 본이 되게 하려 하심이라"

6) 사도 요한은 선한 것을 본받으라 명령하신다.

요삼 1:11 "사랑하는 자여 악한 것을 본받지 말고 선한 것을 본받으라 선을 행하는 자는 하나님께 속하고 악을 행하는 자는 하나님을 뵈옵지 못하였느니라"

나는 여기에서 나 자신을 여의도에서 사역할 때든, 개척하여 사역할 때든, 정직하게 행하여 왔고 가정에서든 자녀에게든 또한 후배들에게도 나를 본받으라고 조심스럽게 말하고 싶다. 사무엘도 그의 마지막 말은?

삼상 12:3~4 "내가 여기 있나니 여호와 앞과 그의 기름 부음을 받은 자 앞에서 내게 대하여 증언하라 내가 누구의 소를 빼앗았느냐 누구의 나귀를 빼앗았느냐 누구를 속였느냐 누구를 압제하였느냐 내 눈을 흐리게 하는 뇌물을 누구의 손에서 받았느냐 그리하였으면 내가 그것을 너희에게 갚으리라 하니 그들이 이르되 당신이 우리를 속이지 아니하였고 압제하지 아니하였고 누구의 손에서든지 아무것도 빼앗은 것이 없나이다 하니라"

결론적으로 하나님 앞에서는 지혜보다는 진실함, 자신에게는 자기 부인, 자기 십자가를 져야 하고 소유는 물질적인 욕심을 버리고, 대인관계에서는 원수까지도 사랑하여야 하며 나를 본받으라는 바울의 자신감과 성숙함이 항상 넘쳐나기를 소원한다.

온전한 그리스도인으로 살 것인가?

성공한 그리스도인으로 살 것인가?

그것은 본인의 뿌리의 문제이다. 그리고 하나님의 은혜이다.

고전 15:10 "그러나 내가 나 된 것은 하나님의 은혜로 된 것이니 내게 주신 그의 은혜가 헛되지 아니하여 내가 모든 사도보다 더 많이 수고하였으나 내가 한 것이 아니요 오직 나와 함께 하신 하나님의 은혜로라"

롬 14:18 "이로써 그리스도를 섬기는 자는 하나님을 기쁘시게 하며 사람에게도 칭찬을 받느니라"

행 2:47 "하나님을 찬미하며 또 온 백성에게 칭송을 받으니 주께서 구원 받는 사람을 날마다 더하게 하시니라"

제10부

설교자의 유혹

1. 세상은 어떤 곳인가?

1) 세상은 빛보다 어둠을 더 사랑한다.

"그 정죄는 이것이니 곧 빛이 세상에 왔으되 사람들이 자기 행위가 악하므로 빛보다 어둠을 더 사랑한 것이니라 악을 행하는 자마다 빛을 미워하여 빛으로 오지 아니하나니 이는 그 행위가 드러날까 함이요 진리를 따르는 자는 빛으로 오나니 이는 그 행위가 하나님 안에서 행한 것임을 나타내려 함이라 하시니라"(요 3:19~21)

인간은 자기 행위가 악하므로 어둠을 더 사랑하며 빛을 미워하나 진리를 따르는 자는 빛으로 나온다.

"하나님께 속한 자는 하나님의 말씀을 들나니 너희가 듣지 아니함은 하나님께 속하지 아니하였음이로다"(요 8:47)

2) 세상은 세상에 속한 말을 하여야 듣는다.

"그들은 세상에 속한 고로 세상에 속한 말을 하매 세상이 그들의 말을 듣느니라 우리는 하나님께 속하였으니 하나님을 아는 자는 우리의 말을 듣고 하나님께 속하지 아니한 자는 우리의 말을 듣지 아니하나니 진리의 영과 미혹의 영을 이로써 아느니라"(요일 4:5~6)

세상은 세상에 속한 말을 하여야 듣는다. 즉 세속적인 말이 들린다.

복음, 하나님의 말씀이 들리는가? 진리의 영과 미혹의 영을 이로써 분별하게 된다.

3) 세상은 다른 사람이 자기 이름으로 오면 영접한다.

"나는 내 아버지의 이름으로 왔으매 너희가 영접하지 아니하나 만일 다른 사람이 자기 이름으로 오면 영접하리라"(요 5:43)

예수가 하나님의 이름으로 오셨지만 그를 영접하지 않았다. 그러나 다른 사람이 자기 이름으로 오면 영접한다는 것이다. 즉 이단이 성행할 것을 말한다.

2. 서기관, 바리새인처럼 가야 하나?

예수님의 가르치심은 서기관 같지 않고, 권위 있는 자와 같은 말씀이셨다.

"이는 그 가르치시는 것이 권위 있는 자와 같고 그들의 서기관들과 같지 아니함일러라"(마 7:29)

예루살렘에서 바리새인과 서기관들이 찾아와 질문하였다.

"당신의 제자들이 어찌하여 장로들의 전통을 범하나이까 떡 먹을 때에 손을 씻지 아니하나이다"(마 15:2)

이때 예수님께서 답하셨다.

"마음에서 나오는 것은 악한 생각과 살인과 간음과 음란과 도둑질과 거짓 증언과 비방이니 이런 것들이 사람을 더럽게 하는 것이요 씻지 않은 손으로 먹는 것은 사람을 더럽게 하지 못하느니라"

(마 15:19~20)

마 16:12 "그제서야 제자들이 떡의 누룩이 아니요 바리새인과 사두개인들의 교훈을 삼가라고 말씀하신 줄을 깨달으니라"

마 23:2 "서기관들과 바리새인들이 모세의 자리에 앉았으니"

이들은 율법을 가르치기만 하고 행함이 없는 자들이었다. 예수님께서 이들을 꾸짖으셨다.

1) 서기관, 바리새인들은 말만 하고 행하지 아니한다.

"그러므로 무엇이든지 그들이 말하는 바는 행하고 지키되 그들이

하는 행위는 본받지 말라 그들은 말만 하고 행하지 아니하며 또 무
거운 짐을 묶어 사람의 어깨에 지우되 자기는 이것을 한 손가락으로
도 움직이려 하지 아니하며"(마 23:3~4)

2) 서기관, 바리새인들은 사람에게 보이기만 힘쓴다.

"그들의 모든 행위를 사람에게 보이고자 하나니 곧 그 경문 띠를
넓게 하며 옷 술을 길게 하고 잔치의 윗자리와 회당의 높은 자리와
시장에서 문안 받는 것과 사람에게 랍비라 칭함을 받는 것을 좋아하
느니라 그러나 너희는 랍비라 칭함을 받지 말라 너희 선생은 하나요
너희는 다 형제니라 땅에 있는 자를 아버지라 하지 말라 너희의 아
버지는 한 분이시니 곧 하늘에 계신 이시니라 또한 지도자라 칭함을
받지 말라 너희의 지도자는 한 분이시니 곧 그리스도시니라 너희 중
에 큰 자는 너희를 섬기는 자가 되어야 하리라 누구든지 자기를 높
이는 자는 낮아지고 누구든지 자기를 낮추는 자는 높아지리라"

(마 23:5~11)

3) 서기관, 바리새인들은 천국 문을 닫아버리고, 본인도 안 가고,
천국 백성이 생기면 배나 지옥 자식을 만들어 버린다.

"화 있을진저 외식하는 서기관들과 바리새인들이여 너희는 천국
문을 사람들 앞에서 닫고 너희도 들어가지 않고 들어가려 하는 자도
들어가지 못하게 하는도다~ 화 있을진저 외식하는 서기관들과 바리
새인들이여 너희는 교인 한 사람을 얻기 위하여 바다와 육지를 두루
다니다가 생기면 너희보다 배나 더 지옥 자식이 되게 하는도다"

(마 23:13~15)

4) 서기관, 바리새인들은 십일조는 드리되 정의, 긍휼, 믿음은 버렸다.

"화 있을진저 외식하는 서기관들과 바리새인들이여 너희가 박하와 회향과 근채의 십일조는 드리되 율법의 더 중한 바 정의와 긍휼과 믿음은 버렸도다 그러나 이것도 행하고 저것도 버리지 말아야 할지니라"(마 23:23)

5) 서기관, 바리새인들은 잔과 대접의 겉은 깨끗이 하되 속에는 탐욕과 방탕이 가득하다.

"화 있을진저 외식하는 서기관들과 바리새인들이여 잔과 대접의 겉은 깨끗이 하되 그 안에는 탐욕과 방탕으로 가득하게 하는도다"

(마 23:25)

6) 서기관, 바리새인들은 겉으로는 사람에게 옳게 보이되 안으로는 외식과 불법이 가득하다.

"이와 같이 너희도 겉으로는 사람에게 옳게 보이되 안으로는 외식과 불법이 가득하도다"(마 23:28)

나는 세상 사람들이 좋아하는 인기 있는 설교자인가?

그러나 세상 사람들에게 들리는 설교는 우리의 숙제다.

나는 타인이 보기에만 의로운 삶을 사는 서기관, 바리새인은 아닌가?

그러나 예수님의 말씀처럼 서기관과 바리새인보다 더 의로움은 우리의 숙제다.

"내가 너희에게 이르노니 너희 의가 서기관과 바리새인보다 더 낫지 못하면 결코 천국에 들어가지 못하리라"(마 5:20)

고전 9:27 "내가 내 몸을 쳐 복종하게 함은 내가 남에게 전파한 후에 자신이 도리어 버림을 당할까 두려워함이로다"

후기

끝으로, 온전한 그리스도인이 되어 세상에서는 행복한 삶을 누리다가 죽어 완전한 성화를 경험하며 예수님 오실 때 부활하여 영화로운 모습과 완전한 성품으로 하나님 앞에 서서 하나님과 그리스도와 함께 영원히 왕 같은 제사장으로 하나님을 섬길 것이다.

롬 14:18 "이로써 그리스도를 섬기는 자는 하나님을 기쁘시게 하며 사람에게도 칭찬을 받느니라"

행 2:47 "하나님을 찬미하며 또 온 백성에게 칭송을 받으니 주께서 구원 받는 사람을 날마다 더하게 하시니라"